S

Sacré-Cœur

MONTMARTRE

La Villette

Gare du Nord

Gare de l'Est

Parc des
Buttes-Chaumont

Canal St-Martin

Place de la République

usée du
uvre

Forum
des Halles

Centre
Georges Pompidou

Notre-Dame

QUARTIER
DU MARAIS

Ile de la Cité

Cimetière du
Père-Lachaise

n-des-Prés

Bd. St-Germain

Ile St-Louis

Bd. Henri IV

Sorbonne

Opéra
Bastille

Bd. Diderot

Place de la Nation

ourg

Panthéon

QUARTIER LATIN

Institut du
Monde Arabe

Jardin des Plantes

Gare de Lyon

Ministère des Finances

du Montparnasse

Gare
d'Austerlitz

Palais Omnisport
de Paris-Bercy

SE

Place d'Italie

Bois de Vincennes

Bibliothèque Nationale

Parc Montsouris

Seine

sitaire

Encore Salut 1

TANABE Yasuko

NISHIBE Yuriko

SURUGADAI-SHUPPANSHA

音声について

本書の音声は，下記サイトより無料でダウンロード，
およびストリーミングでお聴きいただけます．

https://stream.e-surugadai.com/books/isbn978-4-411-01144-2/
弊社 HP から『アンコール　サリュ　1』を検索し，「音声無料ダウンロード＆ストリーミング専用サイトはこちら」からも同ページにアクセスできます．

＊ご注意
・PC およびスマートフォン（iPhone や Android）から音声を再生いただけます．
・音声は何度でもダウンロード・再生いただくことができます．
・当音声ファイルのデータにかかる著作権・その他の権利は駿河台出版社に帰属します．
　無断での複製・公衆送信・転載は禁止されています．

校閲:　　　　　Laurence Bernard-Mirtil
録音:　　　　　Laurence Bernard-Mirtil, Sanbi Mirtil
イラスト:　　　前　英里子
写真:　　　　　井田純代, 後藤由美, 中島彩友美, 根来良江, Isabelle Bourquin,
　　　　　　　　田辺保子, 西部由里子, ShutterStock
装丁・デザイン:　小熊未央

本書は初めてフランス語を学ぶ人を対象としています.

自分や家族について話したり,日常生活のさまざまな場面において,コミュニケーションができるようになることを目指していますが,単に言い回しを覚えるだけでなく,フランス語の基本的な仕組みの理解に役立つ文法説明や練習問題,そしてフランスの文化について学ぶコーナーも設け,総合的な学びができるように作成しました.フランス語の学習を通じて,皆さんの世界が広がる一助になれば幸いです.

各課の構成は以下の通りです.

この課で学ぶこと	各課の学習目標を意識しましょう.
UNITÉ 1~3	各単元の目的に沿った基本モデルです.すらすら言えるように覚えましょう.
À deux !	基本モデルの語を入れ替えた発展練習です.関連する語彙リストがついているところは,それらも用いてさらに表現の幅を広げてください.
🔍	各単元で学ぶ文法や表現のポイントがまとめてあります.
DIALOGUE	Unité 1~3 で学んだことを組み入れた少し長めの会話です.登場人物 Ryo と Léa になったつもりで演じてみましょう.
Coin Culture	フランス語やフランス文化についての理解を深めるコーナーです.インターネットで各種情報が手軽に調べられる今日の学習環境に合わせて,クイズ形式になっています.自らの力で「フランス」という国を発見してください.
EXERCICES	基本的な文法事項の確認が中心です.実用フランス語技能検定試験 5 級を意識し,各課に音声問題も配しました.
APPENDICE	本書はコミュニケーション力養成という基本方針にもとづき編集しているため,学習項目の順番は,いわゆる文法書とは必ずしも一致していません.系統立てて知識を整理する際には巻末の「まとめ」を参照してください.

本書は,多くの先生方,学習者の方々にお使いいただきました教科書『サリュ!』の基本コンセプト「フランス語の基本的運用能力を身につけ,コミュニケーション能力を高める」を踏襲しつつ,例文や練習問題などについては今日のコミュニケーションにより適合したものに差し替え,フランス情報のクイズなどを加えて,全般的に編み直しました.

著 者

TABLE DES MATIÈRES

課	表現	文法	動詞	語彙	文化紹介	頁
8	移動（〜へ行く・〜から来る）の話をする	縮約 (1) (2) 国名とともに用いる前置詞 指示形容詞 　ce, cet, cette, ces	aller venir	さまざまな行先 「今日」の表現 国名	教育制度	38
9	近い未来・近い過去の話をする さまざまな活動をいう したいこと・できることをいう	aller + 不定詞 venir de + 不定詞	faire vouloir pouvoir	時の副詞 faire を用いた表現	祝日	42
10	尋ねる （いつ？　なぜ？ いくつ？　何人？）	疑問詞 　quand 　pourquoi 　combien	partir	曜日・月・季節 天候表現 avoir を用いた表現	クリスマス	46
11	命令する 場所をいう 道案内をする	動詞の命令形 il faut + 不定詞	devoir	位置を表す前置詞 (句) 街中の主な施設・店 道案内の表現 序数	道路と番地	50
12	一日の活動をいう ニュアンスをつけて否定する	代名動詞 (1) (2)	se lever s'habiller se souvenir	日常の活動を表す表現 さまざまな否定表現	フランコフォニー	54
13	過去の話をする (1)	直説法複合過去 ① ②		過去分詞	マンガ, ジャポニスム	58
14	過去の話をする (2)	直説法半過去 中性代名詞 (1) (2) 　y 　en		頻度を表す表現 数量を表す表現	複言語主義	62

この課で学ぶこと

表現 挨拶をする，自己紹介（氏名）をする

発音 アルファベ，つづり字記号，主な発音の規則

語彙 数（1 ～ 10）

001 アルファベ（Alphabet）

A a [ɑ ア]	**B b** [be ベ]	**C c** [se セ]	**D d** [de デ]	**E e** [ə ウ]	**F f** [ɛf エフ]
G g [ʒe ジェ]	**H h** [ɑʃ アッシュ]	**I i** [i イ]	**J j** [ʒi ジ]	**K k** [kɑ カ]	**L l** [ɛl エル]
M m [ɛm エム]	**N n** [ɛn エヌ]	**O o** [o オ]	**P p** [pe ペ]	**Q q** [ky キュ]	**R r** [ɛr エール]
S s [ɛs エス]	**T t** [te テ]	**U u** [y ユ]	**V v** [ve ヴェ]	**W w** [dubləve ドゥブルヴェ]	
X x [iks イクス]	**Y y** [i rɛk イグレック]	**Z z** [zed ゼッドゥ]			

☆自分の苗字（nom）と名前（prénom）をアルファベで発音しましょう．

002 つづり字記号

アクサン・テギュ	**é**	télé
アクサン・グラーヴ	**à è ù**	crème
アクサン・シルコンフレックス	**â ê î ô û**	gâteau
トレマ	**ë ï ü**	Noël
セディーユ	**ç**	ça

発音：つづり字と発音の関係を覚えましょう．

003 1．発音しない文字

1) 語末の **e**　　　　　　　　　　　　　　France
2) 語末の子音字　　　　　　　　　　　　　Paris
　　ただし，c, r, f, l は発音することが多い．bonjour
3) **h**　　　　　　　　　　　　　　hôtel　héros

004 2．単母音字

1) **a, à, â**	[a] [ɑ]	ami	à
2) **i, î, y**	[i]	six	type
3) **o, ô**	[o] [ɔ]	moto	allô
4) **u, û**	[y]	tu	sûr
5) **e**			
・語末の **e** は発音しない．		le	table
・「**e** ＋子音字＋母音字」	[ə]	petit	menu
・「**e** ＋子音字」「**e** ＋子音字＋子音字」	[e] [ɛ]	les	merci
・アクサンのついた **e**	[e] [ɛ]	été	mère

005

発音しましょう．
1. tomate
2. riz
3. minute

006

発音しましょう．
1. de
2. des
3. métro
4. repas

(007) **3. 複合母音字**

1)	**ai, ei**	[ɛ]	japonais	lait
2)	**au, eau**	[o]	aussi	beau
3)	**eu, œu**	[ø] [œ]	deux	sœur
4)	**ou**	[u]	soupe	vous
5)	**oi**	[wa]	trois	moi

(008)

発音しましょう.
1. mai
2. Loire
3. euro
4. nouveau

(009) **4. 鼻母音**

1)	**an, am, en, em**	[ɑ̃]	tante	enfant
2)	**in, im, ain, aim, ein, eim, yn, ym**	[ɛ̃]	cinq	pain
3)	**un, um**	[œ̃]	un	parfum
4)	**on, om**	[ɔ̃]	non	nom

(010)

発音しましょう.
1. bon
2. lundi
3. important

(011) **5. 注意したい子音字**

1)	**s**	[s]	salut	site
2)	母音字 + **s** + 母音字	[z]	maison	rose
3)	**c** + **e, i, y**	[s]	Nice	cinéma
4)	それ以外の **c**	[k]	café	sac
5)	**ç**	[s]	français	leçon
6)	**g** + **e, i, y**	[ʒ]	rouge	gym
7)	それ以外の **g**	[ ]	gare	grand
8)	**ch**	[ʃ]	chat	chocolat
9)	**gn**	[ɲ]	montagne	ligne
10)	**ph**	[f]	photo	éléphant
11)	**qu**	[k]	que	quatre

(012)

発音しましょう.
1. saison
2. crêpe
3. garçon
4. chance
5. fromage
6. Espagne
7. smartphone
8. musique
9. Bastille
10. prince

(013) **6. 注意したい発音**

-ille	[ij]	fille	famille

⑭ 挨拶をする（出会う → 体調を尋ねる → 別れる）

1．丁寧な表現

Bonjour, Madame (Mademoiselle).

— Bonjour, Monsieur.

Comment allez-vous ?

— Très bien, merci.

Au revoir, Madame (Mademoiselle).

— Au revoir, Monsieur.

2．親しい相手

Salut, Marie.

— Salut, Paul.

Ça va ?

— Oui, ça va.

Salut, Marie.

— Salut, Paul.

---

⑮ 挨拶・会話表現

Bonjour.　こんにちは．	Bonsoir.　こんばんは．
Salut.　こんにちは．さようなら．	Au revoir.　さようなら．
Oui.　はい．　　Non.　いいえ．	D'accord.　わかりました．
Merci.　ありがとう．	De rien.　どういたしまして．
Excusez-moi.　すみません．	Pardon.　すみません．
S'il vous plaît.　お願いします．	S'il te plaît.　お願い．

---

⑯ 名前を尋ねる・名前をいう

1．丁寧な表現

Vous vous appelez comment ?

— Je m'appelle Ryo Tanaka.

2．親しい相手

Tu t'appelles comment ?

— Je m'appelle Léa Dubois.

---

⑰ 数 (1 〜 10)

1 un(e)　［アン，ユヌ］	6 six　［スィス］
2 deux　［ドゥー］	7 sept　［セット］
3 trois　［トロワ］	8 huit　［ユイット］
4 quatre　［カトル］	9 neuf　［ヌフ］
5 cinq　［サンク］	10 dix　［ディス］

1　2　3　4　5

6　7　8　9　10

⑱ ☆音声を聞き，読まれた数を数字で書きましょう．

① (　　　)　　② (　　　)　　③ (　　　)

④ (　　　)　　⑤ (　　　)

クイズで確認！フランス基本情報

① フランス本土の面積は日本の約〔1.5 倍／2 倍／2.5 倍〕である.

② フランスの人口は日本の約〔4 分の 1 ／ 3 分の 1 ／ 2 分の 1〕である.

③ フランスの国旗は 3 色旗 tricolore で，向かって左が〔赤／白／青〕色である.

④ フランス共和国の標語は，自由 liberté，平等 égalité,
そして fraternité〔進歩／友愛／正義〕である.

⑤ パリを訪れる観光客が利用する主な国際空港
は，〔シャルル・ド・ゴール／コート・ダ
ジュール／サン＝テグジュペリ〕空港である.

ターミナル 1

ターミナル 2

⑥ 日本とフランスの時差は，冬時間で〔7 時間／8 時間／9 時間〕である.

⑦ フランスの山脈のうち，フランスとスペインを隔てているのは〔アルプス山脈／ロッキー山脈
／ピレネー山脈〕である.

⑧ フランスの法定年次有給休暇は〔3 週間／4 週間／5 週間〕である.

⑨ フランスを一周する自転車ロードレースであるツール・
ド・フランス Tour de France は〔春／夏／秋／冬〕に開
催される.

⑩ 〔雄牛／雄ライオン／雄鶏〕はフランスのシンボルの 1 つで，ナショナルチームのユニフォーム
などに使われている.

LEÇON 1

この課で学ぶこと

表現	自己紹介（国籍・身分・職業・出身地）をする
文法	名詞の性と数，主語の代名詞，動詞 être
語彙	国籍（人），職業

UNITÉ 1　国籍をいう

(019)　Je suis* japonais, et vous ?　私は日本人です．あなたは？

　　　—Je suis française.　私はフランス人です．

*suis は英語の be 動詞にあたり，原形は être．主語によって変化する．

(020) À deux !

Tu ＿＿＿＿＿＿ chinois ?

— Oui, je ＿＿＿＿＿＿ chinois.

Il ＿＿＿＿＿＿ coréen ?

— Non, il ＿＿＿＿＿＿ japonais.

Elle ＿＿＿＿＿＿ française ?

— Non, elle ＿＿＿＿＿＿ anglaise.

(021)　　　主語の代名詞　　　動詞 être

私は	**je**	**suis**
君は	**tu**	**es**
彼は	**il**	**est**
彼女は	**elle**	**est**
私たちは	**nous**	**sommes**
あなた（たち）は 君たちは	**vous**	**êtes**
彼らは	**ils**	**sont**
彼女たちは	**elles**	**sont**

* tu は親しい相手に，vous は一般の相手に用いる．
vous は単数にも複数にも用いる．

🔍 名詞の性と数，〜人

・英語と同じく単数に -s をつけて複数（*pl.*）にする．ただしフランス語ではこの -s は発音されないので，単数と同じに聞こえる．　orange → orange**s** オレンジ

・名詞はすべて男性名詞（*m.*）と女性名詞（*f.*）に分類される．次の単語の genre（性）を調べましょう．
livre（　）本　　université（　）大学　　pain（　）パン

・男性名詞に -e をつけて女性名詞にする名詞（国籍・職業・身分）もある．

日本人	japonais	japonaise	japonais	japonaise**s**
フランス人	français	française	français	française**s**
イギリス人	anglais	anglaise	anglais	anglaise**s**
中国人	chinois	chinoise	chinois	chinoise**s**
韓国人	coréen	coréen**ne**	coréen**s**	coréen**nes**

* もともと -s, -e で終わっている名詞はそのまま複数名詞・女性名詞として用いる．

UNITÉ 2　職業・身分をいう

(022)
Je suis étudiant, et vous ?　私は大学生です．あなたは？
—Je suis journaliste.　私はジャーナリストです．

(023) **À deux !**

Tu _____ étudiant ?
— Non, je _____ lycéen.

Ils _____ étudiants, et vous ?
— Nous _____ _____ .
　　　　　　　　　　　　（大学生）

Aya _____ _____ , et Jean ?
　　　　　　　　　（女子大生）
— Il _____ pâtissier.

🔍 **職業や身分を表す名詞**

・原則：男性名詞に -e をつけて女性名詞にする

étudiant(e) 大学生	employé(e) 会社員	avocat(e) 弁護士
lycéen(lycéenne) 高校生	pâtissier(pâtissière) パティシエ	

・男女同形の名詞

architecte 建築家	élève 生徒	journaliste ジャーナリスト	styliste デザイナー
chef 料理長	médecin 医者	professeur* 教師	

*professeur は，最近は professeure という女性形も使われる．

UNITÉ 3　出身地をいう

(024)
Je suis de Sapporo, et vous ?　私は札幌出身です．あなたは？
—Je suis de Nice.　私はニース出身です．

(025) **À deux !**

Tu _____ de Lyon ?
— Oui, je _____ _____ _____ .

DIALOGUE 1

Ryo : Bonjour. Je suis étudiant, et vous ?

Léa : Je suis journaliste.

Ryo : Je suis Ryo. Enchanté.

Léa : Bonjour Ryo. Je m'appelle Léa.

Enchantée. Vous êtes coréen ?

Ryo : Non, je suis japonais. Je suis de Sapporo.

Et vous, vous êtes anglaise ?

Léa: Non, je suis française. Je suis de Nice.

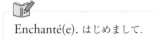

Enchanté(e). はじめまして.

Coin Culture 1 日本語とフランス語

　日本語には外来語がたくさんあり，私たちは日常的にもともとはどこの言語だったか意識せずに使っています．フランス語を由来とする外来語は料理やファッション関係のものが多いですが，意外なところにもフランス語が使われていることがあります．反対に，フランス語の中にも日本語由来の外国語が入っており，日本文化の浸透とともに，その数は増えつつあります．

❶ 次の外来語のうち，フランス語を由来とするものを5つ選んでください．

| デビュー | アルバイト | オブジェ | イクラ | ベランダ |

| カプセル | コンソメ | グランプリ | アンケート | ランドセル |

❷ 上記以外で，もともとはフランス語だったと思われる単語を4つあげ，そのつづり字と性を調べましょう．

① .... ② ....

③ .... ④ ....

❸ 次の語のうち，日本語由来の外来語としてフランス語になっているものを4つ選んでください．

| obi | kanikama | matcha | bento | kabuki | anago |

❹ 上記以外でフランス語になっている，日本語由来の語を4つ探しましょう．

① .... ② ....

③ .... ④ ....

1 次の単語を調べ，表を完成させましょう．

	m. / f.	意 味		フランス語	*m. / f.*
cahier			家		
voiture			バッグ		
train			飛行機		
tarte			オムレツ		

2 次の国籍の適切な形を調べましょう．

	アメリカ人	スペイン人	カナダ人
m.s.	américain		
f.s.		espagnole	
m.pl.			canadiens
f.pl.			

3 次の語を主語の代名詞に変えましょう．

① Ryo （　　　　　） 　　　　② Léa （　　　　　）

③ Ryo et Léa （　　　　　） 　　　④ Marie et Anne （　　　　　）

(027) **4** 音声を聞き，（　　）に活用形を入れましょう．次に，与えられた主語の文に書きかえましょう．

① Je （　　　　　） japonais. 　　Elle _____

② Tu （　　　　　） avocat. 　　Nous (*m.pl.*) _____

③ Il （　　　　　） pâtissier. 　　Ils _____

④ Vous （　　　　　） canadiens. 　Marie et Anne _____

発音上の注意

フランス語では前の単語と次の単語をつなげて発音する場合がある．

リエゾン：発音されない単語の最後の子音字と次の単語の語頭の母音字をつなげて発音する．　　vou⌣s_êtes

アンシェヌマン：発音する単語の最後の子音字と次の単語の語頭の母音字をつなげて発音する．　　il⌣est

この課で学ぶこと

表現	言語・学科の話をする，住んでいるところをいう
文法	第 1 群規則動詞 parler, étudier, habiter，定冠詞，否定文 ne ... pas 疑問詞 où
語彙	言語，教科

UNITÉ 1　話せる言語をいう

(028)　Vous parlez français ?　あなたはフランス語を話せますか？

　　—Oui, je parle français.　はい，私はフランス語を話せます.

(029)　**À deux !**

Tu ＿＿＿＿＿ anglais ?

— Oui, je ＿＿＿＿＿ anglais.

Elles ＿＿＿＿＿ japonais ?

— Oui, elles ＿＿＿＿＿ japonais et coréen.

(030)　　　　動詞 parler

je parle	nous parlons
tu parles	vous parlez
il parle	ils parlent
elle parle	elles parlent

* -er を除いた部分に共通語尾をつける

🔍 **第 1 群規則動詞，〜語を話す**

・**第 1 群規則動詞 (-er 動詞)**　語尾が -er の動詞の多くは規則的に変化する.

・parler + japonais　日本語　　français　フランス語　　anglais　英語　　italien　イタリア語
　　　　　espagnol　スペイン語　　allemand　ドイツ語　　chinois　中国語　　coréen　韓国語

UNITÉ 2　学んでいることをいう

(031)　Vous étudiez l'informatique ?　あなたは情報科学を勉強していますか？

　　—Oui, j'étudie l'informatique.　はい，私は情報科学を勉強しています.

(032)　**À deux !**

Tu étudies la littérature ?

— Oui, j'＿＿＿＿＿ la littérature.

Vous étudiez l'histoire ?

— Oui, nous ＿＿＿＿＿ l'histoire.

Elle étudie le droit ?

— Non, elle n'＿＿＿＿＿ pas le droit, elle ＿＿＿＿＿ ＿＿＿ ＿＿＿＿＿ .

（数学）

(033)　　　　動詞 étudier

j'étudie	nous_étudions
tu étudies	vous_étudiez
il~étudie	ils_étudient
elle~étudie	elles_étudient

* je + étudie → j'étudie（エリジョン）.
　je 以外の主語はエリジョンしない.

🔍 定冠詞，教科名，否定文

・定冠詞：特定された名詞や教科名につく.

   le (l') + 男性単数名詞   le droit   法学   l'anglais*   英語   * 言語名は男性名詞.

   la (l') + 女性単数名詞   la littérature   文学   l'histoire 歴史   l'informatique 情報科学

   les + 男女複数名詞   les maths   数学

・言語名を使った表現

   Le japonais est difficile.   日本語は難しい.   Il étudie le japonais.   彼は日本語を勉強している.

   Il parle japonais.   彼は日本語を話す.（「〜語を話す」のときは無冠詞. *cf.* p.14）

・否定文：**ne (n')** + 動詞 + **pas**   Je **ne** suis **pas** professeur.   私は教師ではありません.

・エリジヨン：je, le, la, ne などの後に母音字や h で始まる語が続くときは，発音上の理由で **j', l', n'** となる（母音字の脱落はアポストロフ「'」で示す）.

UNITÉ 3   住んでいるところをいう

(034) J'habite à Paris, et vous ?   私はパリに住んでいます. あなたは？
      —J'habite à Nice.   私はニースに住んでいます.

(035) **À deux !**

  Tu _____ où ?
  — J' _____ à Yokohama.

  Vous _____ à Lyon ?
  — Non, nous n'_____ pas à Lyon.
     Nous _____ à Marseille.

(036)   動詞 **habit**er

j'habite	nous‿habitons
tu habites	vous‿habitez
il‿habite	ils‿habitent
elle‿habite	elles‿habitent

* je + habite → j'habite（エリジヨン）.
h で始まる動詞でも，母音始まりの動詞と同様にエリジヨンがある.

🔍 「どこに？」，「〜に」の表現

・où ... ?「どこに？」

・à + 都市名：   à Tokyo, à Yokohama
             à Bordeaux, à Lyon, à Marseille, à Nice, à Paris

・日本に，フランスに：**au** Japon, **en** France

DIALOGUE 2

Léa : Tu parles anglais ?

Ryo : Oui, je parle anglais et français.

Léa : Tu étudies la littérature ?

Ryo : Non, je n'étudie pas la littérature.

　　　 J'étudie l'informatique.

Léa : Tu habites où ?

Ryo : J'habite à Paris.

Coin Culture 2　フランス語と英語

　フランス語を勉強していると，英語との共通点や相違点を感じることがあります．言葉の仕組みである「文法」にも共通項がたくさんありますし，同じアルファベットを用いた言語同士ですから，つづり字が同じ語や似ている語も多く存在します．

　英語とフランス語の単語を比較すると，いくつかの特徴的な違いに気づくでしょう．

English		français
September　9月		septembre
letter　手紙		lettre
actor　俳優		acteur
visitor　訪問者		visiteur

❶ **次の英語に対応するフランス語を調べ，つづり字の変化の特徴を考えましょう.**

① （英）beauty　⇔（仏）...................　　② （英）university　⇔（仏）...................

③ （英）hospital　⇔（仏）...................　　④ （英）forest　　⇔（仏）...................

⑤ （英）spice　　⇔（仏）...................　　⑥ （英）school　⇔（仏）...................

　同じ，または似たつづりであっても，フランス語と英語で意味が異なる単語もあります.

English		français
raisin　干しぶどう		raisin　ぶどう
photographe　写真		photographe　カメラマン

　フランス語では，このような語を faux amis（偽りの友だち）と呼びます.

❷ **次の単語の意味を調べ，比較しましょう.**

① （英）college ....　　（仏）collège ....

② （英）lecture ....　　（仏）lecture ....

③ （英）library ....　　（仏）librairie ....

1 chanter「歌う」, écouter「聞く」の活用形を書きましょう.

① chanter

je _____   nous _____

tu _____   vous _____

il _____   ils _____

elle _____   elles _____

② écouter（主語も書きましょう.）

_____   _____

_____   _____

_____   _____

_____   _____

(038) **2** 音声を聞き取り, その単語の性と意味を調べましょう.

ex. (　　le　　) vélo　　性〔*m.*〕　意味〔自転車〕

① (　　　　) gare　　〔　　〕〔　　　　　　　〕

② (　　　　) livre　　〔　　〕〔　　　　　　　〕

③ (　　　　) école　　〔　　〕〔　　　　　　　〕

④ (　　　　) université 〔　　〕〔　　　　　　　〕

3 (　　) 内の動詞を主語に合わせて活用させましょう.

① Il (　　　　　　　　) à Lyon.　(habiter)

② Nous (　　　　　　　　) à Nice.　(habiter)

③ Vous (　　　　　　　　) espagnol ?　(parler)

④ Paul et Léa (　　　　　　　　) le droit.　(étudier)

4 次の文を否定文にしましょう.

① Je parle chinois. _____

② Nous habitons à Bordeaux. _____

③ Il est médecin. _____

④ J'étudie l'histoire. _____

LEÇON 3

UNITÉ 1　家族構成をいう

(039) J'ai un frère et une sœur, et vous ?　私には兄 (弟) が 1 人姉 (妹) が 1 人います．あなたは？

—J'ai deux frères, mais je n'ai pas de sœurs.　兄弟が 2 人います，でも姉妹はいません．

(040) **À deux !**

Tu ＿＿＿＿＿＿ des frères ?

— Oui, j'＿＿＿＿＿ un frère, et toi ?

— J'＿＿＿＿＿ une sœur.

Vous ＿＿＿＿＿ des enfants ?

— Oui, j'＿＿＿＿＿ un fils et ＿＿＿＿＿ fille.

Il ＿＿＿＿＿ des frères ?

— Non, il n'＿＿＿＿＿ ＿＿＿＿＿ de frères.

(041)　　　　**動詞 avoir**

j'**ai**	nous‿**avons**
tu **as**	vous‿**avez**
il‿**a**	ils‿**ont**
elle‿**a**	elles‿**ont**

（否定形）

je n'ai pas	nous n'avons pas
tu n'as pas	vous n'avez pas
il/elle n'a pas	ils/elles n'ont pas

* j', n' はエリジヨン

🔍 不定冠詞，否定の de (d')

・**不定冠詞**：英語の a (an) にあたる．話題の中に初めて出てきたり，限定されていない数えられる名詞の前につく．単数形 (un/une) は数字の 1 も兼ねる．

　　　un frère（男・単）　　**des** frères（男・複）

　　　une sœur（女・単）　　**des** sœurs（女・複）

・不定冠詞のついた「〜を」という目的語（直接目的語）を含む文を否定する場合，不定冠詞は **de (d')** になる．

Elle a des enfants ?　彼女に子どもはいますか？

— Non, elle n'a pas **d'**enfants.

　　いいえ，子どもはいません．

(042)　　　　**家族関係**

意味を調べましょう．

un père	une mère
des parents	
un grand-père	une grand-mère
des grands-parents	
un mari	une femme
un frère	une sœur
un fils	une fille
un enfant	une enfant
un oncle	une tante
un cousin	une cousine

UNITÉ 2　年齢をいう・尋ねる

043　J'ai dix-huit ans. Et vous, vous avez quel âge* ?
私は 18 歳です．で，あなたは何歳ですか？

　—J'ai vingt ans.　私は 20 歳です．

*quel âge … ?　何歳？

044　À deux !

Vous ＿＿＿＿＿＿ seize ans ?

— Non, nous n'＿＿＿＿＿ pas seize ans.

— Nous ＿＿＿＿ ＿＿＿＿ ans.
　　　　　　　　　(19)

Il a quel âge ?

— Il a ＿＿＿＿ ＿＿＿＿ .
　　　　　　(17歳)

Tu ＿＿＿＿ ＿＿＿＿ ＿＿＿＿ ?　(相手に年齢を聞きましょう．)

— J'ai ＿＿＿＿ ＿＿＿＿ .　(自分の年齢をいいましょう．)

045

数 (11 〜 29)

11 onze	17 dix-sept
12 douze	18 dix-huit
13 treize	19 dix-neuf
14 quatorze	20 vingt
15 quinze	21 vingt et un
16 seize	22 vingt-deux

☆ 23 から 29 までを考えましょう．

UNITÉ 3　ものや人を指す

046　Voici / Voilà une montre.　ここに／あちらに腕時計があります．

　C'est la montre de Ryo.　それはリョウの腕時計です．

　Ce n'est pas la montre de Léa.　レアの腕時計ではありません．

047　À deux !

Ce sont des oranges ?　これはオレンジですか？

— Non, ce ＿＿＿＿ ＿＿＿＿ ＿＿＿＿ des oranges.　Ce ＿＿＿＿ des poires.
　　　　　(オレンジではありません．)

🔍 提示表現 (1)

・voici + 名詞「ここに〜があります」　　voilà + 名詞「あちらに〜があります」

・c'est + 単数名詞「これは〜です」　　ce sont + 複数名詞「これらは〜です」

　特定された名詞には定冠詞 (le, la, l', les) をつける．　　C'est **la** montre de Ryo.

・c'est, ce sont の否定形：ce n'est pas + 単数名詞　　　ce ne sont pas + 複数名詞

　C'est un crayon.　　　→ **Ce n'est pas un*** crayon.

　Ce sont des crayons.　→ **Ce ne sont pas des*** crayons.

　*これらの名詞は属詞（補語）なので，否定文でも冠詞は de (d') とならない．(*cf.* p.18)

DIALOGUE 3

Ryo : J'ai un frère et une sœur : Gaku et Mako.

Léa : Ah bon. Ils ont quel âge ?

Ryo : Gaku a quinze ans et Mako a vingt et un ans.
Et toi ?

Léa : Je n'ai pas de sœurs.
J'ai deux frères : Paul et François.
Paul est lycéen. François est ingénieur.
Voilà la photo de Paul et François.

> ah bon
> ああそう，へえ
> ingénieur エンジニア

Coin Culture 3 — マルシェ (le marché)

　フランスでの普段の買い物の特徴はスーパーマーケットや小売店などの利用はもちろんですが，市場 marché が発達していることです．主に建物の中に入っている常設と曜日を決めて週に何回か広場などで開かれる青空市場があります．最近は日本でも休日などに見られるようになりましたが，フランスではこの青空市場が非常に発

達し，生鮮食料品からアクセサリー・衣類・書籍等に至るまでテントを張ってスタンドが並びます．

　パリを例にとりますと，自宅から徒歩でほぼ 10 分から 15 分圏内に必ず marché が開かれ，どんなに街の中心に住んでいようとも，住人たちは店員との会話を楽しみながら新鮮な食品を手に入れることができます．

❶ 次の野菜の性を調べ，例にならって Voici をつけて発音しましょう．

ex. tomate (*f.*) 🍅　Voici une tomate.

① concombre 🥒　　② oignon 🧅　　③ aubergine 🍆
④ pomme de terre 🥔　⑤ artichaut 🌰　⑥ chou 🥬

❷ 次の果物を，例にならって Voilà をつけて発音しましょう．

ex. fraise 🍓　Voilà des fraises.（果物は複数で用いられることが多い．）

① banane 🍌　　② orange 🍊　　③ pomme 🍎
④ poire 🍐　　⑤ pastèque 🍉　⑥ kiwi 🥝

EXERCICES 3

(051) **1** 音声を聞き，（　　）に適切な冠詞を入れましょう.

① Voici (　　　　) smartphone.　C'est (　　　　) smartphone de Léa.

② Voilà (　　　　) école.　C'est (　　　　) école de Léa.

③ Voici (　　　　) lunettes.　Ce sont (　　　　) lunettes de Ryo.

④ Voilà (　　　　) crayons.　Ce sont (　　　　) crayons de Ryo.

⑤ Voilà (　　　　) élève.　C'est (　　　　) élève de Monsieur Kishi.

2 （　　）に être または avoir の現在形を入れましょう.

① Léa (　　　　　　　　) française.　Elle (　　　　　　　　) deux frères.

② Nous (　　　　　　　　) étudiants.　Nous (　　　　　　　　) dix-huit ans.

③ Ils (　　　　　　　　) des amis à Tokyo.

④ Voici des valises.　Ce (　　　　　　　　) les valises de Paul.

3 次の疑問文に否定で答えましょう.

① Elle est étudiante ?　　　　— Non, ...

② Tu as un vélo ?　　　　　— Non, ...

③ C'est une moto ?　　　　　— Non, ...

④ Ils ont des chats ?　　　　— Non, ...

　　　　　　　　　　　　　　　Ils .... trois chiens.

4 「名前，国籍，年齢，出身地，家族，学んでいること」などについて 4 つ以上選び，ペアで自己紹介し合いましょう.

....

....

....

....

LEÇON 4

この課で学ぶこと

表現 好みをいう

文法 疑問文の３つの形，強めの代名詞 moi, toi … ，動詞 aimer

語彙 趣味，文具

UNITÉ 1 好みをいう

052
J'aime le sport, et vous ?　私はスポーツが好きです. あなたは？
— Moi aussi*, j'aime le sport.　私もです. スポーツが好きです.

*moi aussi　私もまた

053 **À deux !**

Tu ＿＿＿＿＿＿ le théâtre ?
— Non, je n'aime pas le théâtre. J'aime le
cinéma.

Il ＿＿＿＿＿＿ les pommes ?
— Non, il n' ＿＿＿ ＿＿＿ les pommes.
Il ＿＿＿ ＿＿＿ ＿＿＿＿ .

（イチゴ）

054
aimer	
j'aime	nous aim**ons**
tu aim**es**	vous aim**ez**
il/elle aim**e**	ils/elles aim**ent**

（否定形）

je n'aime pas	nous n'aimons pas
tu n'aimes pas	vous n'aimez pas
il/elle n'aime pas	ils/elles n'aiment pas

* j', n' はエリジョン

🔍 **好き（嫌い）をいう，強めの代名詞**

・aimer + 定冠詞 + 名詞 「〜が好きです」
　数えられる名詞には複数定冠詞 (les)，数えられない名詞には単
　数定冠詞 (le, la, l') をつける.
　Elle aime **les** bananes.　彼女はバナナが好きです.
　Elle aime **la** musique.　彼女は音楽が好きです.

・定冠詞は否定文中でも de (d') にならない.
　Elle n'aime pas **les** bananes.
　　cf. Elle a des bananes. → Elle n'a pas **de** bananes.

055
趣味
定冠詞を入れましょう.
( ) football　サッカー
( ) tennis　テニス
( ) natation　水泳
( ) golf　ゴルフ
( ) équitation　乗馬
( ) camping　キャンプ
( ) danse　ダンス
( ) J-pop　J ポップ
( ) lecture　読書
( ) piano　ピアノ
( ) jeux vidéo　ゲーム

・強めの代名詞 (代名詞強勢形)

主語	je	tu	il	elle	nous	vous	ils	elles
強勢形	**moi**	**toi**	**lui**	**elle**	**nous**	**vous**	**eux**	**elles**

Et **toi** ?　で君は？　　**Moi** aussi.　私もです.
C'est **elle**.　それは彼女です.　　Chez **lui**.　彼の家で.

UNITÉ 2　疑問文の形（1）（2）

056 Est-ce que vous étudiez le français ?　あなたはフランス語を学んでいますか？

　　—Oui, j'étudie le français.　はい，私はフランス語を学んでいます．

057 À deux !

　_____ tu es étudiant ?

　— Non, je ne suis pas étudiant. Je suis lycéen.

　Est-ce qu'ils ne sont pas japonais ?

　— Si*, ils sont _____ .　　*si　いいえ

🔍 **疑問文の形（1）（2），応答**

・疑問文の形

　(1) くだけた表現：平叙文（主語＋動詞 ...）の語尾を上げる．Elle a des frères ?　♪

　(2) 標準的な表現：文頭に **est-ce que (qu')** ... をつける．**Est-ce qu'**elle a des frères ?

・応答の仕方：否定で聞かれた場合，肯定の答えのときは oui の代わりに si を用いる．

　Est-ce que tu n'aimes pas la musique ?　音楽が好きではないのですか？

　— **Si**, j'aime la musique.　いいえ，好きです．

　— Non, je n'aime pas la musique.　はい，好きではありません．

UNITÉ 3　疑問文の形（3）

058 Aimez-vous les chiens ?　あなたは犬が好きですか？

　　—Oui, j'aime beaucoup les chiens.　はい，とても好きです．

059 À deux !　倒置疑問文で質問しましょう．

　Je parle anglais, et toi ?　_____-tu anglais ?

　— Oui, _____ _____ _____ .

　Elle a deux stylos, et lui ?　_____-t-il des stylos ?

　— Non, il n'a pas de stylos. Il a trois crayons.

060 文具

不定冠詞を入れましょう．

　(　) stylo ペン，万年筆

　(　) cahier ノート

　(　) gomme 消しゴム

　(　) trousse ペンケース

　(　) colle のり

　(　) étiquette 付箋

🔍 **疑問文の形（3）：倒置疑問文**（改まった表現）

・動詞＋主語～ ?　**Avez-vous** un stylo ?

　倒置した場合に母音が隣同士に来るときは間に **-t-** を入れ発音を容易にする．

　Il a un stylo ? → A-**t**-il un stylo ?

DIALOGUE 4

Ryo : Est-ce que tu aimes le cinéma ?

Léa : Oui, bien sûr, j'aime surtout les dessins animés.

Ryo : Ah bon ! Tu regardes les dessins animés chez toi ?

Léa : Oui, chez moi, à la télé ou sur l'ordinateur.
Et toi Ryo, tu n'aimes pas les dessins animés ?

Ryo : Si, beaucoup. J'adore *le Voyage de Chihiro*.

bien sûr	もちろん
surtout	特に
dessin animé (*m.*)	
アニメ	
regarder	～を見る
ordinateur (*m.*)	
コンピューター	
adorer	
～が大好きである	

Coin Culture 4   パリの区

　パリ市内は 20 の区に分かれています．中心が 1 区，そこから渦巻状に 20 区まで外側へ広がっていきます．その形状から，パリはカタツムリ escargot に例えられることがあります．区は序数（*cf.* p.51）を用いて表します．例えば 5 区は le cinquième arrondissement となります．区ごとに，住民の気質，社会階層，国籍などに特徴があり，パリの異なる側面をかいまみることができます．

❶ パリの観光名所の日本語訳，地図上の位置とそれが何区にあるかを調べましょう．

ex. le Centre Pompidou	ポンピドゥー・センター	う	4 区
① la tour Eiffel			
② Notre-Dame			
③ le musée du Louvre			
④ l'Arc de triomphe			
⑤ l'opéra Garnier			

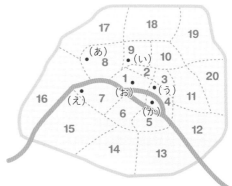

❷ パリの区とその特徴の説明文を結びつけましょう．

① 1 区　•　• パリ屈指の高級住宅街．ブーローニュの森に近い．

② 5 区　•　• パリの中心．パレ・ロワイヤルやチュイルリー公園など観光名所が多い．

③ 13 区 •　• ソルボンヌ大学があり，カルチエ・ラタンと呼ばれる学生街．

④ 16 区 •　• サクレ・クール聖堂がそびえ，下町情緒が楽しめるモンマルトル地区．

⑤ 18 区 •　• パリ最大の中華街がある．近年はストリート・アートでも有名．

(062) 1 音声を聞き，（   ）に適切な冠詞を入れましょう．

① Elle n'étudie pas (   ) chinois.

② Ce ne sont pas (   ) cahiers.

③ Nous n'avons pas (   ) amis à Fukuoka.

④ Je n'aime pas (   ) tomates.

2 次の疑問文を指示された疑問文にしましょう．

① Vous aimez la natation ?

    a. est-ce que を用いて

    b. 倒置形

② Il habite en France ?

    a. est-ce que を用いて

    b. 倒置形

3 次の疑問文に肯定と否定で答えましょう．

① Est-ce que tu as des étiquettes ?

    a. 肯定

    b. 否定

② Vous n'aimez pas le football ?

    a. 肯定

    b. 否定

4 日本語文に合うように（   ）に適切な代名詞を入れましょう．

① 私は彼と一緒に住んでいます．   J'habite avec (   ).

② ぼく，僕は20歳だよ．で，君は？ (   ), j'ai vingt ans. Et (   ) ?

③ 彼らは自宅にいます．   Ils sont chez (   ).

④ おや，あなたたちなの？   Tiens, c'est (   ) ?

⑤ 私は彼女のことを考えています．   Je pense à* (   ).

    *penser à　〜のことを考える

LEÇON 5

UNITÉ 1　～がある

063　Il y a du lait dans le frigo ?　冷蔵庫の中に牛乳はありますか？

　　　—Non, il n'y a pas de lait.　いいえ，牛乳はありません．

064　À deux !

Il y a _____ pommes sur la table ?

— Oui, il y a _____ pommes.

Il y a _____ viande dans le frigo ?

— Non, il n'y a pas _____ viande.

🔍 **提示表現 (2)，部分冠詞**

・il y a + 名詞「～がある」　　　否定形　il n'y a pas de* + 名詞

　* 直接目的語につく不定冠詞・部分冠詞は，否定文中では de になる．

・部分冠詞：数えられない名詞の前につける．

　du (de l') + 男性名詞　　　　　du pain　　　パン　　　de l'argent　お金
　de la (de l') + 女性名詞　　　　de la viande　肉　　　de l'eau　　　水

　　cf. 数えられる名詞には un, une, des をつける．　un macaron, des pommes

UNITÉ 2　　～を食べる，～を飲む

065　Vous mangez du riz ?　ご飯を食べますか？

　　　—Non, je ne mange pas de riz. Je mange du pain.
　　　　いいえ，ご飯は食べません．パンを食べます．

066　À deux !

Tu manges du fromage ?

— Oui, je _____ _____ _____ .

Vous buvez du café ?

— Oui, je _____ _____ _____ .

Elle boit du vin ?

— Non, elle ne _____ pas _____ vin.

067 manger

je mange	nous mangeons
tu manges	vous mangez
il/elle mange	ils/elles mangent

* 語尾が -ger の動詞は，nous の活用
語尾が -eons になる.

068 boire

je bois	nous buvons
tu bois	vous buvez
il/elle boit	ils/elles boivent

069

食べ物

意味を調べましょう.

du pain

du riz

du fromage

du poisson

du yaourt

de la salade

de la viande

un œuf (des œufs)

des fruits

des légumes

070

飲み物

意味を調べましょう.

du café

du lait

du café au lait

du thé

du jus d'orange

du vin

de la soupe

de l'eau (*f.*)

UNITÉ 3   何を食べる？ 何を飲む？

071 Qu'est-ce que vous prenez au petit déjeuner ? 朝食に何を食べますか？
—Je prends du riz et de la salade. ご飯とサラダを食べます.

072 À deux !

Qu'est-ce que tu _____ comme* boisson ?   *comme ～として

— Je _____ du jus d'orange.

Vous _____ du poisson au déjeuner ?

Non, nous ne _____ pas _____ poisson.

073 prendre

je prends	nous prenons
tu prends	vous prenez
il/elle prend	ils/elles prennent

🔍 何を？，prendre，食事の表現

· qu'est-ce que ... ?「何を？」

· **prendre**：「食事をとる，食べる，飲む」．manger や boire の代わりに使える.

· **食事**：au petit déjeuner 朝食に   au déjeuner 昼食に   au dîner 夕食に

DIALOGUE 5

Ryo : Qu'est-ce que tu prends au petit déjeuner ?

Léa : Je prends du pain, du thé et une orange.

Ryo : Tu manges aussi du fromage ?

Léa : Non, je ne mange pas de fromage au petit déjeuner.

Ryo : Tu aimes les oranges ?

Léa : Oui, beaucoup. Il y a toujours des oranges sur la table.

toujours　いつも

Coin Culture 5　フランスの地域圏

　フランスの各地方は独自の文化を育くみ，美しい景観やおいしい郷土料理など，魅力に溢れています.

　本土およびコルシカ島には，13 の地域圏があります.

❶ 次の世界遺産はどの地域圏にあるかを調べ，結びつけましょう.

① ヴェルサイユ宮殿　　　•　　• a. les Hauts-de-France

② ポン・デュ・ガール　　•　　• b. l'Île-de-France

③ アミアンの大聖堂　　　•　　• c. la Normandie

④ モン・サン・ミシェル　•　　• d. la Nouvelle-Aquitaine

⑤ ラスコー洞窟の壁画　　•　　• e. l'Occitanie

❷ 次の地域圏の主要都市と郷土料理，お土産を調べ，結びつけましょう.

① la Bretagne	• マルセイユ	• カスレ	• 塩キャラメル
② le Grand Est	• ディジョン	• ブイヤベース	• マスタード
③ la Bourgogne-Franche-Comté	• ストラスブール	• 牛肉の赤ワイン煮	• スミレの花の砂糖菓子
④ la Provence-Alpes-Côte-d'Azur	• トゥールーズ	• そば粉のガレット	• こうのとりグッズ
⑤ l'Occitanie	• レンヌ	• シュークルート	• 石けん

ヴェルサイユ宮殿

モン・サン・ミシェル

こうのとりのぬいぐるみ

(075) **1** 音声を聞き取り，その単語の性と意味を調べましょう．

ex. (du) poisson 性〔*m.*〕 意味 魚

① (　　　　) beurre 〔　　〕 ....

② (　　　　) confiture 〔　　〕 ....

③ (　　　　) glace 〔　　〕 ....

④ (　　　　) sorbet 〔　　〕 ....

⑤ (　　　　) huile 〔　　〕 ....

2 (　　) 内の動詞を主語に合わせて活用させましょう．

① Nous (　　　　　　　　　　　) de la viande et de la salade. (manger)

② Il (　　　　　　　　　　) de l'eau. (boire)

③ Ils (　　　　　　　　　) du café. (boire)

④ Elle (　　　　　　　　　　) de la salade et des fruits au déjeuner. (prendre)

3 次の文を否定文にしましょう．

① Je prends des légumes. ....

② Elles mangent du riz au dîner. ....

③ Nous buvons du jus d'orange. ....

④ Il y a des œufs dans le frigo. ....

4 指示に従って自分について答えましょう．

① Vous buvez du café au petit déjeuner ? (oui または non で)

....

② Vous mangez du fromage au dîner ? (oui または non で)

....

③ Vous aimez les poires ? (oui または non で)

....

④ Qu'est-ce que vous prenez comme dessert ? (アイスクリーム又はシャーベットを選択)

....

LEÇON 6

この課で学ぶこと

表現 人・ものを描写する（1）

文法 疑問詞 qui, comment, 所有形容詞 mon, ma, mes ...
形容詞（1）性・数の変化

語彙 数（30 ～ 69），外見，性格，色彩

UNITÉ 1 誰ですか？

(076) **Qui est-ce ?** こちらはどなたですか？

　　—C'est mon frère. Il a vingt-cinq ans. 私の兄です．彼は25歳です．

(077) **À deux !**

Qui est-ce ?

— C'est _____ mère.
　　　　　　（私の）

　　Elle a _____ ans.
　　　　　　　（47）

Qui est-ce ?

— Ce sont _____ parents.
　　　　　　　（彼らの）

所有形容詞

	m.s.	*f.s.*	*pl.*
私の	**mon**	**ma**	**mes**
君の	**ton**	**ta**	**tes**
彼の，彼女の	**son**	**sa**	**ses**
私たちの	**notre**		**nos**
あなた（たち）の	**votre**		**vos**
彼らの，彼女たちの	**leur**		**leurs**

🔍 誰？, 所有形容詞

・qui ... ?「誰？」
・所有形容詞：名詞の前につき，名詞の性・数に合わせて変化する．
mon père, **ma** mère, **mes** parents
母音または h で始まる女性単数名詞の前では，mon, ton, son を用いる（発音上の理由）.
~~ma~~ amie → **mon** amie　　　~~ta~~ adresse → **ton** adresse

(078) **数（30 ～ 69）**

規則を考えながら空欄を埋めましょう．

30 trente	31 trente et un	33 trente-trois
40 quarante	41 ( )	46 ( )
50 cinquante	51 ( )	58 ( )
60 soixante	61 ( )	69 ( )

UNITÉ 2 人を描写する（1）

(079) **Votre sœur, elle est comment ?** あなたのお姉さんはどんな方ですか？

　　—Elle est jolie et intelligente. きれいで頭がいいです．

080 | À deux !

Ton père, il est comment ?

— Il est _____ et _____ .
　　　　　　（背が高い）　　　　　　　（おしゃべりな）

Sa tante, elle est comment ?

— Elle est _____ et _____ .
　　　　　　（ほっそりしている）　　　　（親切な）

🔍 どんな？，形容詞（1）性・数の変化

・comment ... ?「どんな？」

・形容詞：関係する名詞の性・数に合わせて語尾変化する．
　原則：男性単数を基本に女性単数は **-e**，男性複数は **-s**，女性複数は **-es** をつける．

081 | 　人・ものを描写する形容詞（かっこ内は女性単数形，* は例外的な女性単数形）

grand(e) 大きい，背が高い	petit(e) 小さい，背が低い	joli(e) きれいな，かわいい
gros (grosse*) 太った	mince ほっそりした	bavard(e) おしゃべりな
intelligent(e) 頭のいい	gentil (gentille*) 親切な	long (longue*) 長い

082 | 　色彩形容詞

rouge 赤い　　bleu(e) 青い　　jaune 黄色い　　noir(e) 黒い　　blanc (blanche*) 白い

UNITÉ 3　ものを描写する（1）

083 | Votre jupe, elle est comment ?　あなたのスカートはどういうのですか？
　　　—Elle est longue et bleue.　青いロングスカートです．

084 | À deux !

Ton sac, il est comment ?

— Il est _____ et _____ .
　　　　　　（大きい）　　　　　　　（黒い）

Ses chaussures, elles sont comment ?

— Elles sont _____ et _____ .
　　　　　　　（赤い）　　　　　　　（かわいい）

🔍 ものを受ける主語

・il(s) / elle(s) は人だけでなくものも受け，「それは」「それらは」の意味になる．

DIALOGUE 6

Léa : Tiens, c'est une photo de ma famille.

Ryo : Qui est-ce ?

Léa : C'est ma grand-mère.

Ryo : Elle est comment ?

Léa : Elle est un peu bavarde et gentille.

Ryo : Elle habite où ?

Léa : Elle habite à Versailles. Sa maison est très grande !

> tiens ほら
> un peu 少し
> maison (f.) 家
> très とても

Coin Culture 6　カフェ (le café)

　フランスでは首都パリはもちろん，どんな片田舎に行っても必ずカフェがあり，人々の憩いの場所となっています．特に appartement に住んでいる人々が多いパリでは自宅の延長，生活空間の一部として使用されています．日本と異なる点は，テラス席が歩道上にまで並べられていることです．天気にかかわらず，どんな日でもこの外のテラス席が人気で，冬の寒いときもコートを着ながらコーヒーを楽しんでいる人々が見られます．カフェでは飲食する場所によって値段が異なります．店内のカウンター席で立ち飲みすると席につくより幾分安く設定されています．

　現在のような開かれた雰囲気のカフェの店がパリに出現したのは 17 世紀で，イタリア人が「ル・プロコップ」を創業しました．壁面にガラス，天井にはシャンデリア，大理石のテーブルといった明るい雰囲気と，当時としては珍しいアイスクリームを売り出したことで人々の注目を集めたのです．現在はレストランになっていますが，このカフェを利用した各時代の有名人の名を記した看板が入り口に掲げられ，その歴史を物語っています．

ル・プロコップ

　パリには他にも歴史上，政治や文化に重要な役割を果たした有名なカフェがいくつかあります．住所を手がかりに，カフェの名前を調べ，そのカフェの写真を選びましょう．

① Les (　　　　　　) Magots　　6, place Saint-Germain-des-Prés

② Café de la (　　　　　　)　　5, place de l'Opéra

③ Café de (　　　　　)　　172, boulevard Saint-Germain

a.　　　　　　　　　b.　　　　　　　　　c.

1 （　　）に所有形容詞を入れて，答えの文を完成させましょう．

① C'est le père de Léa ?　　— Oui, c'est (　　　　　　　) père.

② C'est la fille de Jean ?　　— Oui, c'est (　　　　　　　) fille.

③ C'est ta montre ?　　— Oui, c'est (　　　　　　　) montre.

④ Ce sont nos billets ?　　— Oui, ce sont (　　　　　　　) billets.

2 与えられた形容詞を適切な形に変化させましょう．

① Ma sœur n'est pas (　　　　　　　　　). (gros)

② Nos chiens sont (　　　　　　　　). (petit)

③ Vos cravates sont très (　　　　　　　　　) ! (joli)

④ Sa jupe est (　　　　　　　　). (blanc)

3 （　　）に 2 つ以上の形容詞を入れて，主語を描写する文を作りましょう．

① Mon ami(e) est (　　　　　　　　　　　　).

② Notre professeur est (　　　　　　　　　　　).

③ Tes baskets sont (　　　　　　　　　　).

④ Votre robe est (　　　　　　　　　　) !

086 **4** 音声を聞き，（　　）に年齢（数字）を書きましょう．

① Ma cousine a (　　　　　) ans.

② Mon oncle a (　　　　　) ans.

③ Son grand-père a (　　　　　) ans.

④ Notre tante a (　　　　　) ans.

LEÇON 7

表現	人・ものを描写する(2)，時刻をいう
文法	形容詞(2)位置，形容詞(3)特殊な変化 疑問表現 quelle heure, à quelle heure, 第2群規則動詞 finir, choisir
語彙	衣類・身の回り品，時刻の表現

UNITÉ 1　人・ものを描写する(2)

(087)　Vous avez un pantalon bleu ?　青いズボンをもっていますか？

　　　—Non, j'ai un pantalon noir.　いいえ，黒いズボンをもっています．

(088) **À deux !**

Tu as un grand parapluie ?

— Non, j'ai un _____ parapluie.
　　　　　　　　　　　(小さい)

Elle a une montre ?

— Oui, elle a une belle montre _____ .
　　　　　　　　　　　　　　　(フランス製の)

Ils ont des enfants ?

— Oui, ils ont deux _____ filles.
　　　　　　　　　　　　(かわいい)

(089) **衣類・身の回り品**

不定冠詞を入れましょう．

( ) chemise　ワイシャツ
( ) chemisier　ブラウス
( ) pull　セーター
( ) veste　ジャケット
( ) robe　ワンピース
( ) pantalon　ズボン
( ) jupe　スカート
( ) cravate　ネクタイ
( ) chapeau　帽子
( ) casquette　帽子(キャップ)
( ) chaussures　靴
( ) baskets　スニーカー
( ) parapluie　傘
( ) montre　腕時計
( ) lunettes　メガネ
( ) sac à dos　リュック

🔍 **名詞につく形容詞の位置，特殊な変化をする形容詞**

・原則：名詞の後ろに置く．

　　　以下の一部の形容詞は名詞の前に置く．

bon(ne)　よい，おいしい　beau　美しい　joli(e)

grand(e)　petit(e)　gros(se)　nouveau　新しい

・国籍を表す語は形容詞として使うこともできる．

japonais(e)　日本(製)の　　une voiture japonaise　日本車

・色彩，国籍を表す形容詞は必ず名詞の後ろに置く．

・beau, nouveau は発音上の理由により特殊な変化をし，男性単数形を2つもつ．

m.s.		f.s.	m.pl.	f.pl.
beau + 子音	bel + 母音	belle	beaux	belles
nouveau + 子音	nouvel + 母音	nouvelle	nouveaux	nouvelles

un **beau** jardin,　un **bel** arbre,　une **belle** fleur

・複数形容詞＋複数名詞の前につける不定冠詞 des は de になる．

une nouvelle voiture → **de** nouvelles voitures

UNITÉ 2 　何時？

(090) Quelle heure est-il ?　何時ですか？

— Il est huit heures et demie.　8時半です.

🔍 **時刻の表現**

Il est... の il は非人称. 英語の it に
あたる.

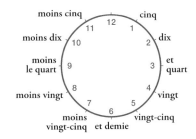

Il est une heure.

Il est deux heures.

Il est deux heures dix.

Il est trois heures **et quart**.

Il est trois heures **et demie**.

Il est cinq heures **moins** dix.

Il est cinq heures **moins le quart**.

次の時刻を言いましょう.

(092)　　①10：30　　②9：05　　③6：20　　④7：45　　⑤3：50

---

(091)
時刻の表現

une ⌒ heure

deux ‿ heures

trois ‿ heures

quatre ⌒ heures

cinq ⌒ heures

six ‿ heures

sept ⌒ heures

huit ⌒ heures

neuf ‿ heures

dix ‿ heures

onze ⌒ heures

midi,　　minuit

* リエゾン（‿）とア
ンシェヌマン（⌒）
に注意

UNITÉ 3 　何時に？

(093) Votre cours finit à quelle heure ?　あなたの授業は何時に終わりますか？

—Il finit à quatre heures et quart.　4時15分に終わります.

(094) **À deux !**

Ton travail commence à quelle heure ?

— Il commence ＿＿＿ ＿＿＿＿＿ heures

et ＿＿＿＿＿ .（6時30分に）

À quelle heure finit le concert ?

— Il finit ＿＿＿＿ ＿＿＿＿＿ heures

＿＿＿＿＿ le quart.（8時45分に）

🔍 **何時に？，第2群規則動詞**

・à quelle heure ... ?「何時に？」

・**第2群規則動詞**：finir 終える, 終わる　choisir 選ぶ　réussir 成功する　など.

---

(095)　　**finir**

je fin**is**	nous fin**issons**
tu fin**is**	vous fin**issez**
il/elle fin**it**	ils/elles fin**issent**

* -ir を除いた部分に共通語尾をつける

(096)　　**choisir**

je choisis	nous ＿＿＿＿
tu ＿＿＿＿	vous choisissez
il/elle ＿＿＿＿	ils/elles ＿＿＿＿

(097) DIALOGUE 7

Ryo : Aujourd'hui, tu finis ton travail à quelle heure ?

Léa : À six heures et demie.

Ryo : Et tu dînes vers quelle heure ?

Léa : Vers huit heures.

Ryo : Tiens, tu as un joli sac à dos !

Léa : Merci, il est très léger et pratique.
　　　C'est un cadeau de mes parents.

> aujourd'hui 今日
> dîner 夕食をとる
> vers 〜の頃に
> léger (légère) 軽い
> pratique 便利な
> cadeau (*m.*) プレゼント

Coin Culture 7　フランスの花

　フランスでは，日々の暮らしの中に花が息づいています．マルシェには花屋も出店し，人々は気軽に花を買って家に飾ります．また花束は，ホームパーティーに招待されたときのお土産として，ワインやチョコレートなどと並んで定番です．

　次の花の発音と日本語名を調べましょう．また，それぞれの花に対応する説明文を①〜⑤から選びましょう．

花の名前

❶ les chrysanthèmes　　❷ les coquelicots　　❸ la lavande
❹ le mimosa　　❺ le muguet

説明

① フランスでは「幸福をもたらす花」といわれ，5月1日（メーデー）にこの花を大切な人にプレゼントする習慣がある．

② 日本では桜が春の代名詞だが，フランスではこの花が野山を黄色に染め，花屋の店先に並べられることによって人々は春の訪れを実感する．

③ フランスの野原に咲く代表的な花で，フランス国旗の赤を表す花といわれる．

④ フランスでは11月に墓参りをするが，その際にこの花を供える．

⑤ 主に南仏プロヴァンス地方で栽培され，石けんやエッセンシャルオイル，ポプリ pot-pourri などに使われる．

1 例にならい，（　　）内の形容詞を適切な形にかえ，位置に注意して全体を書きかえましょう．

ex. des garçons (intelligent) → des garçons intelligents

① une baguette (bon)　→　...

② un parapluie (rouge)　→　...

③ des lunettes (italien)　→　...

④ des pulls (grand)　→　...

⑤ des cravates (joli)　→　...

2 下線部の名詞を① ②は複数形に，③ ④ ⑤は単数形にして全体を書きかえましょう．

① J'ai une trousse jaune.　　→ J'ai (　　　　　　　　　　　　　).

② Il a une jolie veste.　　→ Il a (　　　　　　　　　　　　　).

③ Il y a de belles robes.　　→ Il y a (　　　　　　　　　　　　　).

④ Il y a des pantalons blancs.　→ Il y a (　　　　　　　　　　　　　).

⑤ Ce sont de nouveaux étudiants.　→ C'est (　　　　　　　　　　　　　).

3 （　　）内の動詞を主語に合わせて活用させましょう．

① Le film (　　　　　　　) à quelle heure ? (finir)

② Les vacances (　　　　　　　) le 31 août. (finir)

③ Qu'est-ce que vous (　　　　　　　) comme dessert ? (choisir)

④ Je (　　　　　　　) une casquette blanche. (choisir)

⑤ Claire (　　　　　　　) à son examen. (réussir)

(098) **4** 音声を聞き，（　　）にフランス語で時刻を書きましょう．

① Il est (　　　　　　　　　　　　　).

② Je prends le déjeuner à (　　　　　　　　　　　　　).

③ L'école commence à (　　　　　　　　　　　　　).

④ Mon cours finit à (　　　　　　　　　　　　　).

LEÇON 8

この課で学ぶこと

表現 | 移動（〜へ行く・〜から来る）の話をする

文法 | 縮約（1）（2），国名とともに用いる前置詞，動詞 aller, venir
指示形容詞 ce, cet, cette, ces

語彙 | さまざまな行先，「今日」の表現，国名

UNITÉ 1 〜へ行く（1）（さまざまな行先）

(099) Allez-vous au cinéma ce soir ?　あなたは今晩映画館に行くのですか？

　—Non, je ne vais pas au cinéma, je vais au concert.

　　　いいえ，映画館には行きません．コンサートに行きます．

(100) **À deux !**

Est-ce que ton frère ＿＿＿＿＿＿＿ [au] bureau ?

— Non, il ＿＿＿＿＿＿＿ [　　　] bibliothèque.

Où vont-ils ce matin ?

— Ils ＿＿＿＿＿＿＿ [　　　] école.

(101)　　　**aller**

je vais	nous allons
tu vas	vous allez
il/elle va	ils/elles vont

☆ 否定形を作りましょう．

🔍 縮約（1）：前置詞 à + 定冠詞，指示形容詞

・前置詞 **à**「〜に，〜へ，〜で」　　J'habite à Osaka.　　Il va à Paris.　　Elle travaille à Londres.
後ろに定冠詞（le, les）が来る場合は縮約がおきる．

à + le → au：à + le cinéma → au cinéma，　à + les → aux：à + les toilettes → aux toilettes

à + la / à + l'（そのまま）：à + la mairie → à la mairie，　à + l'église → à l'église

(102)　　さまざまな行先

意味を調べましょう．

(m.) l'aéroport	le bureau	le cinéma	le concert	l'hôtel	le musée
(f.) la bibliothèque	l'école	l'église	la gare	la mairie	l'université
(pl.) les Champs-Élysées (m.)		les puces (m.)	les toilettes (f.)		

・指示形容詞「この，その，あの，これらの，それらの，あれらの」

ce (cet) + 男性単数名詞　　ce livre,　ce musée,　cet hôtel

cette + 女性単数名詞　　cette église,　cette voiture

ces + 複数名詞　　ces enfants,　ces motos

(103)　「今日」の表現

aujourd'hui　今日

ce matin　今朝

cet après-midi　今日の午後

ce soir　今晩

cette nuit　今夜

(104) Allez-vous en France ?　あなたはフランスに行くのですか？
　　— Non, je ne vais pas en France. Je vais au Canada.
　　　いいえ，フランスには行きません．カナダに行きます．

(105) **À deux !**

Tu ＿＿＿＿＿＿＿ au Japon ?
— Non, je ＿＿＿＿＿＿ [　　] Corée.

Elles ＿＿＿＿＿＿ [　　] Angleterre,
et eux ?
— Ils ＿＿＿＿＿＿ [　　] États-Unis.

(106)
国名			
男性国名 :	le Japon	le Canada	le Brésil
女性国名 :	la France	la Chine　中国	la Corée　韓国
	l'Angleterre　イギリス	l'Allemagne　ドイツ	
	l'Espagne　スペイン	l'Italie	
複数国名 :	les États-Unis　アメリカ合衆国		

🔍 **前置詞 à ＋ 国名**

「～の国へ行く」の前置詞：aller **au** ＋ 男性国名　　　aller **en** ＋ 女性国名　　　aller **aux** ＋ 複数国名
　　　　　　　　　　Je vais **au** Canada.　　　／ **en** France.　　　／ **aux** États-Unis.

UNITÉ 3 ～から来る（～出身である）

(107) Vous venez du Canada ?　あなたはカナダ出身ですか？
　　—Non, je viens des États-Unis.　いいえ，アメリカ出身です．

(108) **À deux !**

Elle ＿＿＿＿＿＿ [　　] France, et lui ?
— Il ＿＿＿＿＿＿ [　　] Espagne.

D'où* ＿＿＿＿＿＿ -ils ?　*d'où ... ?　どこから？
— Ils ＿＿＿＿＿＿ [　　] gare.

(109)　　**venir**

je viens	nous venons
tu viens	vous venez
il/elle vient	ils/elles viennent

☆ 否定形を作りましょう。

🔍 **縮約 (2)：前置詞 de ＋ 定冠詞，前置詞 de ＋ 国名**

・前置詞 de「① ～から，～出身の　② ～の」　① Il rentre **de** Paris.　　② le nom **de** ce musée
　de + le → **du**：de + le bureau → **du** bureau,　　**de** + les → **des**：de + les toilettes → **des** toilettes
　de + la / **de** + l'（そのまま）：de + la mairie → **de la** mairie,　　de + l'école → **de l'**école

・前置詞 de ＋ 国名「～の国から来る，～出身の」
　venir **du** ＋ 男性国名　　　venir **de** (d') ＋ 女性国名　　　venir **des** ＋ 複数国名
　Je viens **du** Japon.　　　／ **de** Chine. / **d'**Espagne.　　／ **des** États-Unis.

DIALOGUE 8

Ryo : Où vas-tu cet après-midi ?

Léa : Je vais à l'aéroport. Mon frère revient des États-Unis.

Ryo : Ton frère François ?

Léa : Oui, c'est ça. Ah, tu viens ce soir chez moi ?
Il rentre peut-être avec beaucoup d'histoires intéressantes.

Ryo : D'accord, avec plaisir.

> revenir　戻って来る
> peut-être　たぶん
> beaucoup de　たくさんの
> histoire (*f.*)　話
> intéressant(e)
> 　おもしろい，興味深い
> avec plaisir　喜んで

Coin Culture 8　教育制度

左の表を見ながら（　　）にフランス語を書きましょう.

大学 les universités やグランドゼコール les grandes écoles など

バカロレア le baccalauréat		（日本の学年）
高校 le lycée	la terminale	高校 3 年
	la première	高校 2 年
	la seconde	高校 1 年
中学校 le collège	la troisième (3e)	中学校 3 年
	la quatrième (4e)	中学校 2 年
	la cinquième (5e)	中学校 1 年
	la sixième (6e)	小学校 6 年
小学校 l'école élémentaire	le CM2 (cours moyen 2)	小学校 5 年
	le CM1 (cours moyen 1)	小学校 4 年
	le CE2　(cours élémentaire 2)	小学校 3 年
	le CE1　(cours élémentaire 1)	小学校 2 年
	le CP　　(cours préparatoire)	小学校 1 年

幼稚園 l'école maternelle
保育所 la crèche など

フランスの教育制度は日本とは大きく異なります．その基本理念は「無償 gratuit，無宗教 laïque」です．義務教育は 3 〜 16 歳まで，1 学年は 9 月から 6 月までが原則です．ほとんどの子どもたちは日本同様，まず保育園（　　　）や幼稚園（　　　　　）maternelle に通い，6 歳になると小学校（　　　　　　　）に入学します．中学（　　　　）は日本より 1 年早く始まります．1 年生 sixième, 2 年生が cinquième です．日本とは

学年の呼び方が逆で，学年が上がるにつれて数字が減ります．高校（　　　　　）の最終学年は terminale と呼ばれます．大学への進学には大学入学資格試験（　　　　　　　）を受け資格を取ります．日本の共通テストと異なる点は資格試験だということです．高校 2 年 6 月に国語のフランス語 français，3 年 4 月に専門 2 科目筆記，6 月に哲学とその専門 2 科目についての質疑応答がなされます．「哲学」の試験は論述式で 4 時間ほどかかり，その光景は毎年メディアに取り上げられるほどです．資格を取れば自分の持ち点に応じて原則どこの大学（　　　　　　）にも登録可能です．grandes écoles は一般大学と異なり将来国を担う人材を育てるための教育機関です．有名なのは高等師範学校 École normale supérieure，理工科学校 École polytechnique などで，バカロレア取得後に各学校の厳しい選抜試験があります．制服，寮の部屋，給料が支給される学校もあります．

1 例にならい，（ ）に適切な指示形容詞，[ ]に所有形容詞を入れましょう．

ex. (Ce) stylo est à toi*?　　　— Oui, c'est [mon] stylo.　*être à + 人　～のもの

① (　　　　) maison est à vous ?　　— Oui, c'est [　　　] maison.

② (　　　　) photos sont à elle ?　　— Oui, ce sont [　　　] photos.

③ (　　　　) appareil est à Ryo ?　　— Oui, c'est [　　　] appareil.

④ (　　　　) livre est à tes enfants ?　— Oui, c'est [　　　] livre.

2 日本語文に合うように，下の語群から適切な語句を選んで文を完成させましょう．

① それは日本の国旗です．　　　　　　C'est le drapeau (　　　　　) Japon.

② 彼は今朝シャンゼリゼに着く．　　　Il arrive ce matin (　　　　　　) Champs-Élysées.

③ 彼女は1杯のミルクティーを飲む．　Elle prend un thé (　　　　) lait.

④ マリーはイタリアから帰国する．　　Marie rentre (　　　　) Italie.

⑤ その列車が駅に到着する．　　　　　Ce train arrive (　　　　) gare.

[à, à l', à la, au, aux, de, d', de l', de la, des, du]

(111) **3** 音声を聞き，空欄を埋めましょう．

① Est-ce que ces vins (　　　　　　　) (　　　　　　　　　) France ?

② On* (　　　　　　　) (　　　　　　　　) puces demain. *on (3人称単数) 私たちは，人は

③ D'où (　　　　　　　)-vous ?　— Je (　　　　　　　) (　　　　　　　　) Brésil.

④ Aujourd'hui, nous (　　　　　　　) (　　　　　　　) restaurant.

4 [ ]内の動詞を適切な形にして（ ）に入れ，会話文を完成させましょう．

Miki : J'(　　　　　　　) bien Renoir. Je (　　　　　　　　) au musée d'Orsay.

Kumi : Bonne idée. Il y (　　　　　　　) beaucoup de beaux tableaux, là-bas.

Miki : Tu (　　　　　) avec moi ?

Kumi : Désolée, j'(　　　　　　) des cours à la fac, aujourd'hui, du matin au soir.

Miki : C'(　　　　　　) dommage. Après tes cours, (　　　　　　)-nous au café ?

Kumi : D'accord. À ce soir.

[aimer, aller, avoir, être, venir]

LEÇON 9

UNITÉ 1　近い未来・近い過去

(112) Est-ce que tu vas prendre ton petit déjeuner ?　朝食をとるの？

　—Non, je viens de finir mon petit déjeuner.　Je vais partir à la gare.

　　　いいえ，朝食を終えたばかりです．駅に出かけるところです．

(113) À deux !

Est-ce qu'elle ＿＿＿＿＿＿＿ avoir vingt ans ?

— Non, elle vient d'avoir vingt et un ans.

＿＿＿＿＿＿＿-ils bientôt quitter la France ?

— Oui, ils ＿＿＿＿＿＿＿ d'acheter les billets d'avion.

Vous ＿＿＿＿＿＿＿ téléphoner à vos parents tout de suite ?

— Non, je ＿＿＿＿＿＿＿ de bavarder avec eux.

🔍 近い未来・近い過去

・近い未来：aller + 不定詞「〜するところです，〜するつもりです」

　Je **vais fermer** la porte à clé.　ドアのカギを閉めるところです．

　＊〈aller + 不定詞〉は「〜しに行く」という意味もある．

　Je vais voir ce film ce soir.　今晩その映画を見に行きます．

・近い過去：venir de + 不定詞 「〜したばかりです」

　Je **viens de fermer** la porte à clé.　ドアのカギを閉めたばかりです．

　＊〈venir + 不定詞〉は「〜しに来る」という意味になる．
　Il vient voir mes parents.　彼は私の両親に会いに来ます．

(114)

時の副詞

aujourd'hui　今日

demain　明日

après-demain　明後日

hier　昨日

avant-hier　一昨日

maintenant　今

bientôt　まもなく

déjà　すでに

tout de suite　すぐに

tout à l'heure
　さっき，まもなく

(115) Qu'est-ce que vous faites cet après-midi ? 今日の午後あなたは何をするのですか？
　　 —Je fais du tennis avec mes amis. 友人たちとテニスをします．

(116) **À deux !**

Qu'est-ce que tu ＿＿＿＿＿＿ à la fac ?

— Je ＿＿＿＿＿＿ du français.

Qu'est-ce qu'il ＿＿＿＿＿＿ dans la vie ? *

— Il est journaliste.　　　　　　　* 職業を尋ねる言い回し

(117)　　**faire**

je fais	nous faisons
tu fais	vous faites
il/elle fait	ils/elles font

🔍 **faire を用いた表現**

・**faire** + 定冠詞 + 名詞　：faire la cuisine　料理をする / le ménage　掃除をする /
　　　　　　　　　　　　　　 la lessive　洗濯をする / la vaisselle　皿洗いをする
・**faire** + 不定冠詞 + 名詞：faire des achats　　　　　 / des courses　買い物をする
・**faire** + 部分冠詞 + 名詞：faire du bricolage　DIY をする / du jardinage　ガーデニングをする /
　　　　　　　　　　　　　　 du tennis / du sport / du piano / de la guitare

UNITÉ 3　**(1) vouloir + 不定詞「〜したい」/ + 名詞「〜が欲しい」**
　　　　　(2) pouvoir + 不定詞　「〜することができる」

(118) (1) Qu'est-ce qu'elles veulent faire demain ?　彼女たちは明日何をしたいのですか？
　　　　 —Elles veulent visiter Versailles.　　　　　　ヴェルサイユを訪れたいのです．
　　 (2) Vous pouvez téléphoner à Pierre ce soir ?　今晩ピエールに電話できますか？
　　　　 —Oui, bien sûr.　　　　　　　　　　　　　　 はい，もちろんです．

(119) **À deux !**

Qu'est-ce que tu ＿＿＿＿＿＿ ? （願望）

— Je ＿＿＿＿＿＿ du café.

Tu ＿＿＿＿＿＿ venir chez moi demain ? （可能）

— Non, désolé, je ne ＿＿＿＿＿＿ pas, je n'ai pas le temps.

Voulez (Pouvez)*-vous fermer la fenêtre ? （依頼）

— Oui, d'accord.

*Voulez-vous 〜 ? Pouvez-vous 〜 ? は依頼の表現にもなる．

(120)　　**vouloir**

je veux	nous voulons
tu veux	vous voulez
il/elle veut	ils/elles veulent

(121)　　**pouvoir**

je peux	nous pouvons
tu peux	vous pouvez
il/elle peut	ils/elles peuvent

DIALOGUE 9

Ryo : Qu'est-ce que tu vas faire ce week-end ?

Léa : Je vais aller au grand magasin.

Ryo : Qu'est-ce que tu veux acheter ?

Léa : Je viens de casser un vase.

 Je vais chercher un vase bleu.

Ryo : Est-ce que je peux aller avec toi ?

Léa : Bien sûr. Tu as quelque chose à acheter ?

Ryo : Oui, je voudrais acheter un coussin.

> grand magasin (m.) デパート
> casser ～を壊す
> vase (m.) 花びん
> chercher ～を探す
> quelque chose à ～すべき何か
> je voudrais (< je veux)
>   願望を和らげる表現
> coussin (m.) クッション

Coin Culture 9　祝日 (les jours fériés)

　日本の国民の祝日は年間 16 日ですが，フランスは 11 日です．日本と比べて意外と少ない印象です．ちなみに日本は世界で 3 番目に祝日の多い国です．フランスにおける祝日は宗教に関係する fêtes religieuses（6 日）と関係のない fêtes civiles（5 日）があります．fêtes religieuses の中にはキリスト教の祝祭日に合わせて年によって祝日が移動するものもあります．次の表はフランスの祝日の一覧表です．フランス語の名称を調べてみましょう．

祝祭名称（日本語）	フランス語	日 付
元旦	le Jour de l'An	☆ le 1er janvier
復活祭翌日の月曜日*	le Lundi de (　　　　　　　)	移動 (mars-avril)
メーデー	la Fête du (　　　　　)	☆ le 1er mai
第二次世界大戦戦勝記念日	la Victoire du 8 mai 1945	le 8 mai
キリスト昇天祭*	l'Ascension	移動 (mai-juin)
聖霊降臨祭翌日の月曜日*	le (　　　　　) de Pentecôte	移動 (mai-juin)
革命記念日	la Fête (　　　　　)	le 14 juillet
聖母被昇天祭	l'Assomption	le 15 août
諸聖人の日	la (　　　　　　　)	le 1er novembre
第一次世界大戦休戦記念日	l'Armistice de 1918	le 11 novembre
クリスマス	(　　　　　　)	☆ le 25 décembre

＊ 復活祭は春分後最初の満月の次の日曜日．おおよそ 3 月から
 4 月で春を告げるとされている．前後約 2 週間の休暇を取る人
 が多い．キリスト昇天祭は復活祭から 40 日目，聖霊降臨祭は
 復活祭から 50 日目にあたる.
 ☆印は日本とも重なる祝日.

革命記念日のパレード

1 日本語文に合うように (   ) 内の語を正しく並べ変えましょう.

① 10分後に私たちは駅に着くでしょう.

Nous (à, allons, arriver, gare, la) dans dix minutes.

② その映画は日本で封切られたばかりです.

Le film (de, sortir, vient) au Japon.

③ あなたは海辺に別荘を買うつもりですか？

Vous (acheter, allez, une, villa) au bord de la mer ?

④ この飛行機は間もなくパリ＝シャルル・ド・ゴール空港に着陸します.

Bientôt, cet avion (à, aéroport, atterrir, l', va) de Paris-Charles de Gaulle.

⑤ 私はレポートを終えることができません.

Je (finir, ne, pas, peux) mon rapport.

2 下の語群から適切な語句を選んで (   ) に入れ，会話文を完成させましょう.

A : Je (   ) terminer mes devoirs.

B : Super ! On (   ) sortir ensemble ?

A : Non, d'abord, je (   ) manger quelque chose.

　　Je vais faire (   ).

B : D'accord. Et après, on sort* ?　　　　　　　　　*sort < sortir　外出する (*cf.* p.46)

A : Non, je veux (   ) (   ) de ma chambre.

　　Parce qu'il y a des papiers partout.

[faire, la cuisine, le ménage, va, viens de, voudrais]

123 **3** 音声を聞き，①〜⑥の文に最もふさわしいイラストを選びましょう.

a. 　　b. 　　c.

d. 　　e. 　　f.

① (   )　② (   )　③ (   )　④ (   )　⑤ (   )　⑥ (   )

LEÇON 10

この課で学ぶこと

表現 尋ねる（いつ？　なぜ？　いくつ？　何人？）

文法 疑問詞 quand, pourquoi, combien, 動詞 partir

語彙 曜日・月・季節，天候表現，avoir を用いた表現

UNITÉ 1　時を尋ねる

(124) **Quand partez-vous pour la France ?** いつフランスに出発しますか？

—**La semaine prochaine. (En septembre. / En hiver.)** 来週（9月／冬）にです．

(125) **À deux !**

Quand pars-tu pour Kyoto ?

— ＿＿＿＿＿＿ ＿＿＿＿＿＿ ．（3月に）

Quand va-t-elle au concert ?

— ＿＿＿＿＿＿ ＿＿＿＿＿＿ ．（来週の日曜日に）

Quand finissent-ils les examens ?

— ＿＿＿＿＿＿ 30 ＿＿＿＿＿＿ ．（1月30日に）

(126) **partir**

je pars	nous partons
tu pars	vous partez
il/elle part	ils/elles partent

*sortir も同型活用

🔍 いつ？，曜日・月・季節の表現

・quand ... ?　「いつ？」

・「～曜日に」：曜日名には前置詞や冠詞はつけない．

・「～月に」：月名の前に en または au mois de (d') をつける．

・日付：le ＋ 日にち ＋ 月名　　le 14 juillet

・季節名：すべて男性名詞

「春（夏・秋・冬）に」：**au** printemps, **en** été, **en** automne, **en** hiver

・「この前の」：dernier (dernière)　　「次の」：prochain(e)

la semaine dernière 先週	la semaine prochaine 来週
le mois dernier 先月	le mois prochain 来月
l'année dernière 去年	l'année prochaine 来年
lundi dernier 先週の月曜日	lundi prochain 来週の月曜日

(127) **曜日**

月曜日	lundi
火曜日	mardi
水曜日	mercredi
木曜日	jeudi
金曜日	vendredi
土曜日	samedi
日曜日	dimanche

(128) **月**

1月 janvier	2月 février	3月 mars	4月 avril
5月 mai	6月 juin	7月 juillet	8月 août
9月 septembre	10月 octobre	11月 novembre	12月 décembre

☆1月，4月に en，2月，8月，10月に au mois de (d') をつけて練習しましょう．

UNITÉ 2 　理由を尋ねる

(129) Pourquoi étudiez-vous le français ?　なぜフランス語を勉強しているのですか？

—Parce que j'aime la cuisine française.　フランス料理が好きだからです．

(130) **À deux !**

Pourquoi veux-tu sortir aujourd'hui ?

— Parce qu'il ＿＿＿＿＿＿＿ ＿＿＿＿＿＿＿ .（天気がいいから）

Pourquoi est-elle absente ?

— Parce qu'elle ＿＿＿＿＿＿ ＿＿＿＿＿＿ à ＿＿＿＿＿＿ tête.（頭が痛いから）

🔍 pourquoi ...? 「なぜ？」　— parce que ... 「なぜならば」

(131) 　天候表現（**il** は非人称）

Quel temps fait-il aujourd'hui ?　今日はどんな天気ですか？

☀️ Il fait beau (mauvais).　天気がよい（悪い）.　　　Il fait chaud (froid).　暑い（寒い）.

🌂 Il pleut.　雨が降っている. < pleuvoir　　　⛄ Il neige.　雪が降っている. < neiger

　　avoir を用いた表現

avoir faim　お腹がすいている　avoir soif　喉が渇いている　avoir sommeil　眠い　avoir peur de　〜が怖い

avoir mal à + 定冠詞 + 体の部位　〜が痛い　avoir mal au ventre / aux dents

☆ 上記の表現を用いて尋ね合いましょう.

　　ex. Tu as faim ? — Oui, j'ai faim. — Non, je n'ai pas faim.

(132)

la tête
les oreilles
la gorge
l'estomac
le ventre
la jambe
le pied
l'œil
(les yeux)
les dents

UNITÉ 3 　数量・人数を尋ねる

(133) Vous voulez combien de macarons ?
マカロンはいくつご入用ですか？

—Je veux trois macarons, s'il vous plaît.
3つお願いします.

(134) **À deux !**

Il y a combien d'étudiants dans la classe ?

— Il y a ＿＿＿＿＿＿ ＿＿＿＿＿＿ .
（20 人の学生）

C'est combien ?　— C'est ＿＿＿＿＿＿ euros.
（10）

🔍 いくつ？　何人？

・combien de (d') + 無冠詞名詞 ...? 「いくつ（何人）？」　　combien ? 「いくら？」

DIALOGUE 10

シュノンソー城

Léa : Quand pars-tu en vacances ?

Ryo : Vendredi prochain. Je vais à Tours.

Léa : Ah bon. Pourquoi veux-tu aller à Tours ?

Ryo : Parce que je voudrais visiter les châteaux de
      la Loire.

Léa : C'est une bonne idée ! Combien de jours vas-tu rester là-bas ?

Ryo : Je vais rester à peu près une semaine.

> partir en vacances
> 　ヴァカンスに出発する
> Tours　トゥール（都市名）
> Loire (*f.*)　ロワール川
> à peu près　だいたい

Coin Culture 10　クリスマス Noël

　「カトリックの長女」を自認するフランスにおいて，クリスマスは復活祭と並び，とても大切な祝日です．11月下旬頃から，クリスマスツリー le sapin de Noël やキリスト誕生の馬小屋の模型 la crèche を飾ったり，プレゼントやクリスマスパーティーの食材を購入したりと準備に追われます．子どもたちは，アドヴェントカレンダー le calendrier de l'Avent をめくりながらサンタクロース le Père Noël が来る日を指折り数えます．各都市で開かれるクリスマスマーケット le marché de Noël を訪れ，美しいイリュミネーションを眺めながら，オーナメントを買ったり屋台でホットワイン le vin chaud を飲んだりするのも冬の楽しみとなっています．

　フランスではクリスマスのお祝いは，キリスト生誕を祝う12月24日の夜から東方の三博士がベツレヘムに導かれキリストを礼拝した1月6日（公現祭 l'Épiphanie）まで続きます．

フランスのクリスマスについて考えてみましょう．❶～❹は Vrai（正）か Faux（誤）を選びましょう．

❶ フランスでは伝統的に日本と同様クリスマスは友人や恋人と，正月は家族
　と過ごすことが多い．　　　　　　　　　　　　　　　　　　　　　Vrai / Faux

❷ フランスでは家庭でも本物のもみの木をクリスマスツリーとして使うこと
　がある．　　　　　　　　　　　　　　　　　　　　　　　　　　　Vrai / Faux

❸ フランスでは大人同士もクリスマスプレゼントを贈り合う．　　　　Vrai / Faux

❹ フランスではクリスマスに「ガレット・デ・ロワ」というお菓子を食べる
　のが定番である．　　　　　　　　　　　　　　　　　　　　　　　Vrai / Faux

❺ フランスの家庭でクリスマスによく食べるメニューを1つ選びましょう．
　　①鴨肉のオレンジソースがけ　　②ミネストローネ　　　　③七面鳥の栗詰め
　　④ラタトゥイユ　　　　　　　　⑤鯛のアクアパッツァ　　⑥牛肉の赤ワイン煮

1 ( ) 内の動詞を主語に合わせて活用させましょう.

① Nous ( ) en voyage pour deux semaines. (partir)

② Tu ( ) en vacances avec tes parents ? (partir)

③ Ils ( ) pour l'Angleterre en août. (partir)

④ Je ( ) avec Pierre ce soir. (sortir)

⑤ Vous ( ) à quelle heure ? (sortir)

2 問いと答えを正しく結び, 意味の通る会話文を作りましょう.

① Quand vient-elle au Japon ? • • a. Parce qu'il fait froid.

② Tu veux rester à la maison ? Pourquoi ? • • b. C'est le 25 décembre.

③ Il y a combien d'ordinateurs chez vous ? • • c. En Espagne.

④ Où vas-tu cet hiver ? • • d. Lundi prochain.

⑤ Ton anniversaire, c'est quand ? • • e. Trois.

3 例にならい ( ) に avoir の活用形を書き, 下線部に下の語群から適切な語句を選び, 動詞を活用させて文を完成させましょう.

ex. J'(ai) sommeil.   Je prends une douche.

① J'( ) soif.   Je _____ .

② Tu ( ) faim ?   Tu _____ ?

③ Il ( ) mal aux dents.   Il _____ .

④ Vous ( ) mal au pied ?   Vous _____ ?

> aller à l'hôpital, aller chez le dentiste, boire du coca,
> manger des frites, prendre une douche

(136) 4 音声を聞き, ( ) に天候表現を, [ ] に月名を書き取りましょう.

① À Paris, il ( ) ( ) en [ ].

② À Bordeaux, il ( ) ( ) en [ ].

③ À Nice, il ne ( ) pas beaucoup en [ ].

④ À Strasbourg, il ( ) ( ) en [ ].

⑤ À Chamonix, il ( ) beaucoup au mois de

[ ].

LEÇON 11

この課で学ぶこと

表現 命令する，場所をいう，道案内をする

文法 動詞の命令形，il faut + 不定詞，動詞 devoir

語彙 位置を表す前置詞（句），街中の主な施設・店，道案内の表現，序数

UNITÉ 1 命令する

(137) Ce matin, j'ai de la fièvre. 今朝，私は熱があります．

—Allez chez le médecin tout de suite. すぐ医者に行きなさい．

(138) **À deux !**

Mon train va partir à huit heures et demie.

— _____ un taxi. Tu n'as pas le temps.
　　　 (prendre)

Avez-vous des conseils pour aller à l'étranger ?

— Vous _____ d'abord acheter le billet d'avion.
　　　　　 (devoir)

(139)　　　　　**devoir**

je dois	nous devons
tu dois	vous devez
il/elle doit	ils/elles doivent

🔍 肯定命令，否定命令

・肯定命令

(140) ① 動詞の命令形：tu, nous, vous に対する命令があり，それぞれ現在形の活用を利用する．

	parler	prendre	aller	avoir	être
tu に対する命令	parle*	prends	va*	aie	sois
nous に対する命令	parlons	prenons	allons	ayons	soyons
vous に対する命令	parlez	prenez	allez	ayez	soyez

Prenons un taxi. タクシーに乗りましょう． **Sois** sage. いい子にして．

*-er 動詞と aller の tu に対する命令形では語尾の -s を省く． **Parle** fort. 大きな声で話して．

② **devoir** + 不定詞 / **il*** **faut** + 不定詞「～しなければならない」　　*il は非人称

Prenez un taxi. / Vous devez prendre un taxi. / Il faut prendre un taxi.

Sois sage. 　　　/ Tu dois être sage. 　　　　　/ Il faut être sage.

（動詞の命令形，devoir では誰に対する命令かがはっきりする．）

cf. il faut + 名詞　～が必要である　Il faut deux heures pour aller à Hakoné d'ici.
　　　　　　　　　　　　　　ここから箱根に行くには 2 時間必要だ．

・否定命令（禁止を表す）

① ne + 命令形 + pas 　: **N'**ayez **pas** peur de lui. 彼を怖がらないでください．

② devoir / il faut の否定 : Vous **ne devez pas** avoir peur de lui. / Il **ne faut pas** avoir peur de lui.

UNITÉ 2　場所をいう

(141) Où est le Café de la Paix ?　カフェ・ド・ラ・ぺはどこですか?
ーIl est devant l'Opéra.　オペラ座の前です.

À deux !

(142) Où est cet hôtel ?
　ー Il est _____ de la gare.
　　　　　　　（近く）

Où est le supermarché ?
　ー Il est _____ le cinéma.
　　　　　　　（後ろ）

(143) 位置を表す前置詞（句）

devant　～の前に	derrière　～の後ろに
en face de　～の正面に	à côté de　～の横に
près de　～の近くに	loin de　～から遠くに
à droite de　～の右側に	à gauche de　～の左側に
sur votre (ta) droite (gauche) あなた（君）の右（左）手に	

(144)　**街中の主な施設・店**

l'aéroport (m.) 空港	la gare （鉄道）駅	la station （地下鉄）駅	l'arrêt (m.) バス停
le feu (rouge) 信号	le carrefour 交差点	la place 広場	l'école (f.) 学校
l'université (f.) 大学	la bibliothèque 図書館	la poste 郵便局	la banque 銀行
l'hôpital (m.) 病院	la mairie 区(市)役所	le cinéma 映画館	le musée 美術館
le théâtre 劇場	l'église (f.) 教会	le château 城	le parc 公園
le jardin 庭園	le supermarché スーパー	le marché 市場	la librairie 本屋
la pharmacie 薬局	la boulangerie パン屋	la pâtisserie ケーキ屋	le restaurant レストラン

UNITÉ 3　道案内をする

(145) Où est le musée Picasso, s'il vous plaît ?　すみません. ピカソ美術館はどこですか?
ーAllez tout droit. Il est sur votre gauche.　真直ぐ行きなさい. あなたの左手にあります.

(146) **À deux !**

Je voudrais aller au marché.
ー Prenez la première rue à droite.

S'il vous plaît, je cherche la pharmacie.
ー Traversez ce carrefour. Elle est devant l'hôpital.

(147) 道案内の表現

aller jusqu'à　～まで行く
continuer tout droit　このまま真直ぐ行く
tourner à droite (gauche)　右（左）に曲がる
prendre la 1re rue à droite (gauche)
　　　　　　　　最初の道を右（左）に曲がる
traverser　横切る
descendre à　～で降りる

(148)　**序数**　（原則）**数詞 + -ième**

1er premier (1re première), 2e deuxième / second(e), 3e troisième, 4e **quatrième**, 5e **cinquième**,
6e sixième, 7e septième, 8e huitième, 9e **neuvième**, 10e dixième, 11e **onzième**, 21e vingt et unième

DIALOGUE 11 ☺☺

Ryo : S'il te plaît, Léa, je dois aller au café Grand.
Tu connais ce café ?

> connais < connaître 知っている
> Voyons voir. どれどれ
> à pied 歩いて

Léa : Voyons voir ..., c'est près d'ici. Va tout droit jusqu'au deuxième feu
rouge. Et puis, traverse la place et tourne à gauche. Ce café est
sur ta droite, à côté du cinéma.

Ryo : Merci Léa. Il faut combien de temps ?

Léa : Il faut à peu près quinze minutes à pied.

Coin Culture 11　道路と番地

　フランスの街のほとんどの道路には名前がついています.
通りの始まりの建物の壁にはその通りの名前のプレートが必
ず張られていて, わかりやすい街づくりとなっています. パ
リを例に見てみましょう.

　パリの道路はその幅, 機能, 歴史的意味などにより主に
une rue (r.), un boulevard (bd.), une avenue (av.) の 3 つに
分けられます.

14ᵉ Arrᵀ = le quatorzième arrondissement

❶ 次の説明に合う通り名を選びましょう.

　① 幅が広く, 主に昔の城壁跡に作られた環状道路　..

　② 一般的な通り　..

　③ 並木のある大通りで, 主に城や記念建造物に向かう通り　..

❷ パリにある主な通りのフランス語名を調べてみましょう.

　① シャンゼリゼ大通り　.. des Champs-Élysées

　② サン・ミシェル大通り　.. St. Michel

　③ リヴォリ通り　.. de Rivoli

ほかに車の通らないアーケードのついているような細い道は passage と呼ばれます.

　住居表示は通りの名前と番地で示されます. 番地のつけ方には規
則性があります. セーヌ河に並行している通りでは, 上流から下流
に向かって左側が奇数, 右側が偶数です. 並行していない通りでは
セーヌ河に近いほうから離れる方向に向かって左に奇数, 右に偶数
がつけられています.

1 次の文を動詞の命令形を使った命令文にしましょう.

① Tu donnes ces fleurs à ta mère.

....

② Vous ouvrez* la fenêtre, s'il vous plaît.   *ouvrez < ouvrir

....

③ Tu es gentil avec elle.

....

④ Vous ne devez pas stationner ici.

....

⑤ Il ne faut pas déranger ton père dans son travail.

....

2 日本語文に合うように、下の語群から適切な語句を選んで文を完成させましょう(使わない語が1つあります).

① 大学に行くには最初の道を右に曲がりなさい.

Pour aller à l'(   ), (   ) la (   ) rue à (   ).

② 美術館に行くには，上野駅で降りて公園を横切りなさい.

Pour aller au (   ), (   ) à la (   ) d'Ueno et

(   ) le parc.

③ 教会に行くには，最初の交差点までこのまま真直ぐ行って左に曲がりなさい.

Pour aller à l' (   ), continuez tout (   )

jusqu'au (   ) carrefour et (   )

à (   ).

$$\left[\begin{array}{l} \text{descendez, droit, droite, église, école, gare,} \\ \text{gauche, musée, premier, première, prenez,} \\ \text{traversez, tournez, université} \end{array} \right]$$

3 (150) 音声を聞き，地図上のどの建物のことを尋ねているのか，記号で答えましょう(使わない記号が2つあります).

①(   ) ②(   ) ③(   )

④(   ) ⑤(   )

la place | le parc | G

F

E

le cinéma

D | C | la poste

B | A

l'hôpital | la mairie

Vous êtes ici.

LEÇON **12**

この課で学ぶこと

表現 一日の活動をいう，ニュアンスをつけて否定する

文法 代名動詞（1）（2），動詞 se lever, s'habiller, se souvenir

語彙 日常の活動を表す表現，さまざまな否定表現

UNITÉ 1 代名動詞（1）

(151) D'habitude, vous vous levez à quelle heure ? 普段は何時に起きますか？
　　—Je me lève à 7 heures et demie. 7 時半です.

(152) À deux !

D'habitude, tu te couches à quelle heure ?

— Je ＿＿＿＿＿＿ ＿＿＿＿＿＿ vers 11 heures.

Vous vous douchez le matin ?

— Non, je ne ＿＿＿＿＿＿ ＿＿＿＿＿＿

pas le matin.

　　Je ＿＿＿＿＿＿ ＿＿＿＿＿＿ le soir.

Je me lève à cinq heures demain matin.

— Alors, ＿＿＿＿＿＿ - toi tôt ce soir.
　　　　　（寝なさい）

(153)　　　　se lever

je **me lève**	nous **nous levons**
tu **te lèves**	vous **vous levez**
il/elle **se lève**	ils/elles **se lèvent**

* 再帰代名詞は主語に応じて変化する.
* è に注意（発音上の理由）

(154)　　　　s'habiller

je **m'habille**	nous **nous habillons**
tu **t'habilles**	vous **vous habillez**
il/elle **s'habille**	ils/elles **s'habillent**

* me, te, se → m', t', s'（エリジヨン）

🔍 代名動詞

・代名動詞：主語と同じ人称の代名詞（再帰代名詞）を伴う動詞（再帰代名詞 + 動詞）
　se lever「起きる（自分自身を起こす）」
　　　< lever「（人）を起こす」

・代名動詞の否定文：ne + 代名動詞 + pas
　je me lève → je **ne** me lève **pas**

・代名動詞の肯定命令文：
　動詞の命令形 − 再帰代名詞
　Lève*-toi**. Levons-nous. Levez-vous.
　*-er 動詞の tu に対する命令形では語尾の -s を省く.
　(*cf.* p. 50)
　** 再帰代名詞 te は toi になる.

(155) 日常の活動を表す表現

（代名動詞が多く使われる）

se lever 起きる	se réveiller 目を覚ます
se coucher 寝る	s'habiller 服を着る
se raser ひげを剃る	se maquiller 化粧する

se brosser les dents 歯を磨く

se laver le visage (les mains) 顔（手）を洗う

se doucher シャワーを浴びる

prendre un bain 風呂に入る

prendre son petit déjeuner 朝食をとる

déjeuner 昼食をとる	dîner 夕食をとる

UNITÉ 2 代名動詞（2）

(156) Vous vous téléphonez souvent ? よく電話をかけ合いますか？

—Oui, nous nous téléphonons tous les soirs. はい，毎晩電話し合っています．

(157) **À deux !**

Cette tablette se vend* bien ?

— Oui, elle _____ _____

très bien. *se vend < se vendre

Tu te souviens de ton enfance ?

— Non, je ne _____ _____ pas bien de mon enfance.

(158) **se souvenir**

je me souviens	nous nous souvenons
tu te souviens	vous vous souvenez
il/elle se souvient	ils/elles se souviennent

* 動詞の部分は venir 型活用

(159) **よく使われる代名動詞**

① 「自分で自分を〜する」

s'appeler 〜という名前である   se dépêcher 急ぐ   s'intéresser à 〜に興味をもつ

se promener 散歩する

② 「互いに〜する」

s'aimer 愛し合う   se téléphoner 電話し合う

③ 「〜される」

se vendre 売れる，売られる   se prononcer 発音される

④ 代名動詞としてのみ用いられるもの

se souvenir de 〜を覚えている

UNITÉ 3 さまざまな否定表現

(160) Vous habitez toujours à Lyon ? 今でもリヨンに住んでいますか？

—Non, je n'habite plus à Lyon. いいえ，もうリヨンには住んでいません．

(161) **À deux !**

Tu veux du vin ?

— Non merci, je ne bois _____ d'alcool. （アルコールは決して飲まない）

Tu cherches quelqu'un ? — Non, je ne cherche _____ . （誰も探していない）

ne ... pas に代わるさまざまな否定表現

ne ... plus もう〜ない	ne ... jamais 決して〜ない	ne ... que 〜しか〜ない
ne ... personne 誰も〜ない	ne ... rien 何も〜ない	ne ... ni ... ni 〜も〜もない

DIALOGUE 12

Ryo : Tu te lèves tôt le samedi ?

Léa : Non, je me lève vers neuf heures. Je m'habille, je me lave le visage et je prends mon petit déjeuner. Après, je me promène souvent dans le jardin du Luxembourg.
Et toi ?

Ryo : Je ne me lève jamais tôt le samedi. Je me rase, je ne prends que du café, et je sors tout de suite.

> le samedi 毎土曜日
> jardin du Luxembourg
> (*m.*) リュクサンブール公園

Coin Culture 12 フランコフォニー (la francophonie)

　フランス語はフランス本国やフランスの海外領土のみならず，世界 5 大陸で約 3 億人の話者をもち，外国語としてフランス語を学ぶ人の数は英語の次に多いと言われています．

　フランス語という共通項をもつ国々によって，1970 年に設立された国際フランコフォニー機構は，「平等 égalité，補完性 complémentarité，連帯 solidarité」をスローガンに掲げ，さまざまな活動を行っています．

❶ フランス語話者が最も多い大陸はどこですか？

　a. アジア　　b. アフリカ　　c. ヨーロッパ

❷ 次の国の中で，フランス語が公用語として使われている国を 5 つ選びましょう．

　a. ベトナム　　b. ベルギー　　c. オランダ　　d. クロアチア　　e. カナダ

　f. ハイチ　　g. ケニア　　h. エチオピア　　i. マリ　　　　j. セネガル

❸ 次の国際機関の中で，フランス語が公用語となっている機関を 3 つ選びましょう．

　（略語はフランス語表記）

　a. 国連 (l'ONU)　　b. 経済協力開発機構 (l'OCDE)　　c. 石油輸出国機構 (l'OPEP)

　d. 東南アジア諸国連合 (l'ASEAN)　　e. 北大西洋条約機構 (l'OTAN)

❹ フランス語の放送が視聴できる国際テレビネットワークはどれですか？

　a. MTV　　b. BBC　　c. CNN　　d. TV5　　e. RFI

❺ 国際フランコフォニー機構のエンブレムはどれですか？

　a.　　　　　　　　b.　　　　　　　　c.　　　　　　　　d.

1 ( ) 内の動詞を主語に合わせて活用させましょう.

① Je ( ) les dents après le repas. (se brosser)

② Jacques et Agnès ( ) beaucoup. (s'aimer)

③ Tu ( ) à la politique ? (s'intéresser)

④ Vous ( ) de cette chanson ? (se souvenir)

⑤ Elle ( ) tard le week-end. (se réveiller)

2 下の語群から適切な命令形を選び意味の通る文を作りましょう（使わないものが１つあります）.

① Il est déjà minuit. ( ).

② Le dîner est prêt. ( ) les mains.

③ Il fait beau aujourd'hui. ( ) ensemble.

④ Le cours va commencer. ( ).

[Couche-toi,　Dépêchons-nous,　Lavez-vous,　Levez-vous,　Promenons-nous]

3 問いと答えを結び意味の通る会話文にしましょう.

① Vous avez des frères et sœurs ?　•
② Vous avez de la monnaie ?　•
③ Vous aimez le poulet ?　•
④ Vous allez sortir avec Marie ?　•
⑤ Vous cherchez quelque chose ?　•

• a. Non, elle n'est plus au Japon.
• b. Non, je ne cherche rien.
• c. Non, je n'ai que des billets.
• d. Non, je ne mange jamais de viande.
• e. Non, je n'ai ni frères ni sœurs.

4 (163) 音声を聞き，①〜⑤の文に最もふさわしいイラストを選びましょう（使わないイラストが３枚あります）.

a.　b.　c.　d.

e.　f.　g.　h.

① ( )　② ( )　③ ( )　④ ( )　⑤ ( )

LEÇON **13**

この課で学ぶこと

表現 過去の話をする (1)

文法 直説法複合過去 ① ②（avoir / être の現在形 + 過去分詞）

語彙 過去分詞

UNITÉ 1 複合過去 ①

(164) Qu'est-ce que tu as fait hier soir ? 君は昨晩何をしたの？

—J'ai joué au tennis avec des amis. 友人たちとテニスをしました.

(165) **À deux !**

Qu'est-ce que vous avez fait hier ?

— Nous _____ _____ la télé.
　　　　　　　　(regarder)

Qu'est-ce qu'ils ont fait après le dîner ?

— Ils _____ _____ leurs devoirs.
　　　　　　(faire)

(166) **jouer の複合過去**

j'**ai joué**	nous **avons joué**
tu **as joué**	vous **avez joué**
il/elle **a joué**	ils/elles **ont joué**

🔍 **過去分詞，複合過去 ①：助動詞 avoir の現在形 + 動詞の過去分詞**

・**過去分詞の作り方**：語尾が **-er**　　→ **-é**　jou**er** → jou**é**

　　　　　　　　　　　語尾が **-ir** の多く → **-i**　fin**ir** → fin**i**

　次の動詞の過去分詞を書きましょう.

　　visiter (　　　　)　chanter (　　　　　　)　donner (　　　　　　)

　　partir (　　　　)　sortir (　　　　　　)　choisir (　　　　　　)

(167) **不規則動詞の過去分詞**

attendre	attendu
écrire	écrit
faire	fait
lire	lu
mettre	mis
pouvoir	pu
prendre	pris
voir	vu
vouloir	voulu

* 不規則動詞はそれぞれ
　の過去分詞をもつ.

・**複合過去 ①：助動詞 avoir の現在形 + 動詞の過去分詞**

　Il joue du piano.

　→ Il **a joué** du piano.

　J'écris une lettre à ma mère.

　→ J'**ai écrit** une lettre à ma mère.

・**趣味：jouer à** + 定冠詞 + スポーツ名（球技）　　**jouer de** + 定冠詞 + 楽器名

　　　　jouer au tennis / au foot / au golf　　jouer du piano / du violon / de la guitare

　cf. faire を使う場合：faire + 部分冠詞 + スポーツ・楽器名　　faire du tennis / du piano

(168)　Vous êtes allé à l'université hier ?　あなたは昨日大学に行きましたか？

　　　—Non, je suis allé au cinéma.　いいえ，私は映画館に行きました．

(169)　**À deux !**

Il est déjà arrivé à Tokyo ?

— Oui, il ＿＿＿＿＿ ＿＿＿＿＿ ce matin.

Elles sont parties pour la Chine ?

— Non, elles ＿＿＿＿＿ ＿＿＿＿＿

　　　pour la Corée.

(170)　　　　　aller の複合過去

je **suis allé**(e)	nous **sommes allé**(e)s
tu **es allé**(e)	vous **êtes allé**(e)(s)
il **est allé**	ils **sont allés**
elle **est allée**	elles **sont allées**

* 過去分詞は主語の性・数に応じて
　女性形は -e，複数形は -s をつける．

🔍 複合過去 ②：助動詞 être の現在形 ＋ 動詞の過去分詞

Elle vient voir ses parents.

→ Elle **est venue** voir ses parents.

* ほとんどの動詞は助動詞に avoir をとるが，
　一部の自動詞，代名動詞は être をとる．

(171)　　助動詞に être をとる主な動詞

aller (allé)　　　/　venir (venu)

entrer (entré)　/　sortir (sorti)

arriver (arrivé)　/　partir (parti)

monter (monté)　/　descendre (descendu)

naître (né)　　　/　mourir (mort)

rester (resté)　rentrer (rentré)　tomber (tombé)

(172)　Avez-vous pris le métro ce matin ?　あなたは今朝地下鉄に乗りましたか？

　　　—Non, je n'ai pas pris le métro.　いいえ，地下鉄には乗りませんでした．

(173)　**À deux !**

Est-ce que Paul est déjà entré dans le café ?

— Non, il n'＿＿＿＿＿ pas encore* ＿＿＿＿＿ dans le café.

*ne ... pas encore　まだ〜ではない

À quelle heure est-elle rentrée hier ?

— Elle ＿＿＿＿＿ ＿＿＿＿＿ à 6 heures.

🔍

・複合過去の疑問文：Elle a acheté ce livre ? / Est-ce qu'elle a acheté ce livre ? /

　　　　　　　　　　A-t-elle* acheté ce livre ?　* 倒置形は主語と助動詞を倒置する．

・複合過去の否定文：ne (n') ＋ 助動詞 ＋ pas　Elle **n'a pas** acheté ce livre.

DIALOGUE 13

Léa : Ryo, où es-tu allé dimanche dernier ?

Ryo : J'ai visité les Invalides avec des amis japonais.

Léa : Est-ce que vous avez vu le tombeau de Napoléon ?

Ryo : Oui, bien sûr. Nous avons passé un bon moment là-bas et après, nous sommes allés au musée Rodin.

Léa : Bravo ! Vous avez pu admirer aussi une grande collection de sculptures ce jour-là.

> tombeau (*m.*) 墓
> sculpture (*f.*) 彫刻
> ce jour-là その日

アンヴァリッド

Coin Culture 13 マンガ, ジャポニスム (le manga, le japonisme)

　19世紀末ごろ, ヨーロッパでは万博をきっかけに, 初めて目にする異国の日本の文化が多くの人々を魅了し, japonisme が始まりました. 特に浮世絵はゴッホ, モネ, ドガなどの画風に大いに影響を与えました. 鞄メーカー, ルイ・ヴィトンのデザインも日本の市松模様や家紋が反映されているといわれています. 21世紀の現在もなお世界の人々は日本文化に興味を示していますが, そのきっかけが日本「マンガ」というケースが多く見られます. manga は新たなる japonisme といっても過言ではありません.

　フランスではフランスマンガは BD (bande dessinée), 日本のマンガはそのまま manga と呼ばれフランス語として浸透しており, 今や日本に次いで世界第2位の manga 市場です. 人気の理由としては「ストーリーの多様性・深み」や「絵の繊細さ」が挙げられています. 日常生活や青少年の葛藤などが盛り込まれていて, 自分に照らしてストーリーに入り込めるというのが魅力のようです. 新作はもちろん売り上げ上位にランクされますが, フランスでの特徴としては古い作品 (ドラゴンボール, ナルトなど) も根強い人気を維持しています.

　1999年に始まり, 毎年7月にパリ郊外で開かれる Japan Expo はフランス人が企画する日本のポップカルチャー紹介イベントです. 毎回25万人以上の来場者が押し寄せ, 会場はコスプレの人々でにぎわいます. ストリートファッション, 武道, 祭り, 音楽などさまざまなブースがありますが, 会場の半分以上をマンガ関係 (書籍, DVD, グッズ, フィギュア) が占めています. マンガ家のサイン会はもちろん大盛況です.

次の manga のフランス語タイトルの日本語原題を選びましょう.

① Juliette, je t'aime
② Théo ou la batte de la victoire
③ Olive et Tom
④ L'attaque des Titans
⑤ Demon slayer (Les rôdeurs de la nuit)

a. キャプテン翼　　b. 進撃の巨人
c. タッチ　　d. 鬼滅の刃
e. めぞん一刻

Japan Expo

1 (　　　) の中から正しい語を選びましょう.

① Ryo (a, est) choisi un sac comme cadeau.

② Ils (ont, sont) allés ensemble à l'école.

③ Léa (a, est) descendue à Yokohama.

④ Nous (avons, sommes) attendu le bus pendant une heure.

⑤ Vous (avez, êtes) né en quelle année* ?　　　*en quelle année ?　何年に？

2 次の文を複合過去の文にしましょう.

① Je téléphone à mes parents.

② Ils vont à la librairie aujourd'hui.

③ Mes enfants finissent leurs devoirs.

④ Elles arrivent à Paris.

⑤ Mon oncle met* son manteau pour sortir.
　　*met < mettre

3 a. 次の文を指示された疑問文にしましょう.

① Ils sont partis pour le Japon.（倒置形）

② Ta mère a fait des gâteaux.（est-ce que を用いて）

③ Tu as déjà pris ton déjeuner.（est-ce que を用いて）

④ Vous avez lu ce roman.（倒置形）

　　b. ①と③の疑問文に否定で答えましょう.

① — Non, 　　　　　　　　　　　　　　　　　　　　　　.

③ — Non, 　　　　　　　　　　　　　　　　　　　　　　.

(175) **4** 音声を聞き，読まれた文が現在か過去かを答えましょう.

①	現在	過去	②	現在	過去
③	現在	過去	④	現在	過去
⑤	現在	過去	⑥	現在	過去

LEÇON 14

この課で学ぶこと

表現 過去の話をする (2)

文法 直説法半過去，中性代名詞 (1) (2) y, en

語彙 頻度を表す表現，数量を表す表現

UNITÉ 1   直説法半過去

(176) Avant, j'habitais à Pékin. Et vous ?　以前私は北京に住んでいました．あなたは？

—Moi, j'habitais à Séoul.　私はソウルに住んでいました．

(177) **À deux !**

Avant, j'avais les cheveux courts. Et toi ?

— Moi, j' _____ les cheveux _____ .
　　　　　　　　　　　　　　　　（長い）

Quand tu étais petit(e), tu aimais dessiner ?

— Oui, j'_____ dessiner.

Quand vous étiez enfant, vous alliez où

pendant les vacances ?

— J'_____ à Okinawa avec ma famille.

(178) **habiter の半過去**

j'habit**ais**	nous habit**ions**
tu habit**ais**	vous habit**iez**
il/elle habit**ait**	ils/elles habit**aient**

* nous habitons（語幹 habit）

(179) **être の半過去**

j'ét**ais**	nous ét**ions**
tu ét**ais**	vous ét**iez**
il/elle ét**ait**	ils/elles ét**aient**

*（語幹 ét 例外）

🔍 **直説法半過去**

・**活用形**　　語幹：nous の現在形から語尾の -ons を除いたもの＋共通語尾

　　　　　　共通語尾：-ais, -ais, -ait, -ions, -iez, -aient

　　　　　　　avoir → （現在）nous av**ons** → （半過去）j'av**ais**, nous av**ions**

　　　　　　　aller → （現在）nous all**ons** → （半過去）j'all**ais**, nous all**ions**

・**用法**　　過去における状態や状況，過去の習慣などを表す．

・**直説法複合過去との使い分け**

複合過去は過去における一時的な行為や出来事を表し，半過去は継続的な状態や状況を表す．

Marie **dessinait** quand sa mère **est rentrée**.

　　　母親が帰宅したとき，マリーは絵を描いていた．

UNITÉ 2　中性代名詞（1）y「そこへ」，en「そこから」

(180) Vous allez à Paris cet hiver ?　この冬パリに行きますか?
—Oui, j'y vais.　はい，そこに行きます.

(181) **À deux !**

Tu vas en France pendant les vacances ?
— Non, je n'＿＿＿＿＿＿ ＿＿＿＿＿＿ pas.

Tu viens du Japon ?
— Oui, j'＿＿＿＿＿＿ viens.

🔍 **中性代名詞（1）y，en**

・y ：「場所を表す前置詞（à, en, dans など）＋場所」の代わり.「そこへ，そこに」の意味.
　en ：「de ＋場所」の代わり.「そこから」の意味.
・中性代名詞の位置：動詞の直前
・否定文：ne (n') ＋ y / en ＋ 動詞 ＋ pas　　j'y vais → je n'y vais pas

UNITÉ 3　中性代名詞（2）y, en の用法

(182) Vous pensez souvent à votre avenir ?　将来のことをよく考えますか?
—Oui, j'y pense souvent.　はい，それについてよく考えます.

(183) **À deux !**

Tu manges du fromage ?
— Oui, j'＿＿＿＿＿＿ mange une fois par semaine.
　　　（*du fromage* 部分冠詞＋名詞）

Combien de cousins as-tu ?
— J'＿＿＿＿＿＿ ai cinq.
　　　（cinq *cousins* 数詞＋名詞）

(184)
頻度を表す表現

tous les jours　毎日
tous les samedis　毎週土曜日
souvent　よく，しばしば
de temps en temps　ときどき
une fois par semaine　週に1回
une fois par mois　月に1回
une fois par an　年に1回

🔍 **中性代名詞（2）y, en**

・y ：「à ＋ 名詞」の代わり.
・en ：① 「不定冠詞・部分冠詞 ＋ 名詞」
　　　　② 「数詞 ＋ 名詞」の名詞部分
　　　　③ 「数量表現 ＋ 名詞」の de ＋ 名詞　の代わり.
　J'ai beaucoup de baskets.　→　J'en ai beaucoup.

(185)
数量を表す表現

beaucoup de ＋ 無冠詞名詞　たくさんの
un peu de ＋ 無冠詞名詞　少しの
une douzaine de ＋ 無冠詞名詞　1ダースの
un kilo de ＋ 無冠詞名詞　1キロの

DIALOGUE 14

Léa : Tu fais la cuisine ?

Ryo : Avant, je n'aimais pas tellement faire la cuisine, mais maintenant, je fais la cuisine presque tous les jours. Hier, j'ai fait du riz au curry.

Léa : Tu manges de temps en temps du riz ?

Ryo : Euh, j'en mange une fois par semaine.

Léa : Tu vas au marché pour faire tes courses ?

Ryo : Oui, j'y vais tous les samedis pour acheter des légumes et des fruits.

> ne...pas tellement
> それほど〜でない
> riz au curry (m.) カレーライス
> presque ほとんど
> euh えーと

Coin Culture 13 複言語主義

　ヨーロッパの諸言語には多くの共通点があります．フランス語はイタリア語やスペイン語などと同様にラテン語を起源とし，挨拶表現や数の数え方，曜日や月の表現などに類似点があります．ゲルマン系に属する英語やドイツ語とは少し離れますが，それでも学習を進めるうちに構文や単語などの共通項が見えてくると思います．

　現在ヨーロッパは，複言語主義 plurilinguisme の立場から，母語以外に2つの言語を学ぶ教育プログラムを展開しています．母語をベースに，その相関関係を考えながら外国語を学習することで，私たちは世界につながる窓を開くと同時に自国の文化や言語を見つめなおすこともできるのです．

　ヨーロッパの言葉に限らず，私たちの隣語である中国語や韓国語などのアジアの諸言語を勉強するのも面白いでしょう．第2外国語から第3外国語へ，興味の赴くままに学習のアンテナを伸ばしていってください．

　アメリカの絵本作家 Eric Carle（エリック・カール）の The Very Hungry Caterpillar（1969出版）は，70以上の言語に翻訳されています（邦訳『はらぺこあおむし』）．以下のタイトルと言語名を結びつけましょう．

① Il piccolo Bruco Maisazio ・　　　・韓国語
② 好餓的毛毛蟲 ・　　　・中国語
③ Die kleine Raupe Nimmersatt ・　　　・フランス語
④ La chenille qui fait des trous ・　　　・スペイン語
⑤ 아주아주 배고픈 애벌레 ・　　　・イタリア語
⑥ La oruga muy hambrienta ・　　　・ポルトガル語
⑦ Rupsje Nooitgenoeg ・　　　・ドイツ語
⑧ Uma lagarta muito comilona ・　　　・オランダ語

1 次の動詞を直説法半過去に活用させましょう.

① En 2020, tu (habiter) où ?

② Hier, j'(avoir) mal à la tête.

③ Avant, mes enfants (se coucher) tôt, mais maintenant, ils se couchent tard.

④ Quand il (être) petit, il (passer) ses vacances chez ses grands-parents.

2 (　　　) の動詞を直説法複合過去に, [　　　] の動詞を直説法半過去に活用させましょう.

① Il y [avoir] beaucoup de touristes quand nous (arriver) à Rome.

② Hier, je (aller) au concert d'un ami. C'[être] magnifique !

③ Il (prendre) de l'eau minérale parce qu'il [avoir] soif.

④ Quand ma sœur (naître), on [habiter] en Angleterre.

(187) **3** 音声を聞き，下の語群から適切な語句を選んで (　　　) に入れ，会話文を完成させましょう.

① Tu vas souvent au karaoké ?

     — Oui, j'(　　　　　　) vais deux (　　　　　　) par (　　　　).

② Vous mangez souvent des sushis ?

     — Oui, j'(　　　　　　) mange une (　　　　　) par (　　　　　).

③ Combien de pommes de terre voulez-vous ?

     — J'(　　　　　) veux un kilo, s'il vous plaît.

④ Vous pensez souvent à vos vacances ?

     — Oui, j'(　　　　　) pense tous les (　　　　　).

[en, en, fois, fois, jours, mois semaine, y, y]

4 次の質問に答えましょう (③④は下線部を y または en に代えましょう).

① Quand vous aviez dix ans, vous habitiez où ? ....

② Il y a un an, vous vous leviez à quelle heure ? ....

③ Vous allez en France pendant les vacances de printemps ? ....

④ Vous mangez de la soupe le matin ? ....

APPENDICE

文法のまとめ・補足
m. = 男性，*f.* = 女性，*s.* = 単数，*pl.* = 複数

1. 不定冠詞・定冠詞・部分冠詞

	m. s.	*f. s.*	*m. f. pl.*
1) 不定冠詞	un	une	des
2) 定冠詞	le (l')	la (l')	les
3) 部分冠詞	du (de l')	de la (de l')	

1) 不定冠詞：不特定の数えられる名詞につける． `L3`

2) 定冠詞：特定された名詞につける，名詞をジャンルとしてとらえるときにつける． `L2`

3) 部分冠詞：不特定の数えられない名詞につける． `L5`

2. 形容詞／名詞の女性形・複数形 `L6`

1) 女性単数（原則：男性単数 + **e**）　petit → petit**e** 小さい

① 男性単数が -e → 変化なし　rouge → rouge 赤い　　journaliste → journaliste ジャーナリスト

② 男性単数が -er → **-ère**　　léger → lég**ère** 軽い　　pâtissier → pâtiss**ière** パティシエ

③ 男性単数の語末の子音を重ねる　bon → bon**ne** よい　　lycéen → lycéen**ne** 高校生

④ その他　　　　　　　　　blanc → blan**che** 白い　　long → long**ue** 長い など

2) 男性複数（原則：男性単数 + **s**）　petit → petit**s**

① 男性単数が -s → 変化なし　　français → français フランスの　　bus → bus バス

② 男性単数が -eau → -eau**x**　　beau → beau**x** 美しい　　château → château**x** 城

3) 女性複数（女性単数 + **s** ）　petite → petite**s**

3. 形容詞の位置 `L7`

原則：名詞の後ろに置く．

例外：音節が短く日常的によく使う一部の形容詞は名詞の前に置く．

形容詞が名詞の前に置かれ，複数形になっているとき，不定冠詞 des は **de** になる．

4. 基本文型 `L3, 5`

1) 主語 + 動詞

Léa chante bien. レアは歌が上手い．

2) 主語 + 動詞 + 属詞

Ryo est grand. リョウは背が高い．

3) 主語 + 動詞 + 直接目的語

J'ai un vélo. 私は自転車を1台もっている．

（参考）

4) 主語 + 動詞 + 間接目的語

　　Léa téléphone à Ryo.　レアはリョウに電話する.

5) 主語 + 動詞 + 直接目的語 + 間接目的語

　　Je donne des fleurs à ma mère.　私は母に花をあげる.

6) 主語 + 動詞 + 直接目的語 + 直接目的語の属詞

　　Je trouve cette robe jolie.　私はこのワンピースをかわいいと思う.

5. 否定文：ne (n') + 動詞 + pas 　L2, 3, 5

直接目的語についた不定冠詞と部分冠詞は否定文では de (d') になる.

6. 疑問文

1) oui, non で答えられる疑問文（①→②→③の順でより改まった表現となる.） 　L4

① 平叙文の語尾を上げる.

② 平叙文の文頭に est-ce que (qu') をつける.

③ 主語と動詞を倒置する.

　　* 倒置した場合に母音が隣同士に来るときは間に -t- を入れる.

　　* 主語が名詞の場合，まず主語名詞を文頭に置き，その名詞を受ける代名詞と動詞を倒置する.

　　　Paul aime le football ?　→　Paul aime-t-il le football ?

2) 疑問副詞を用いた疑問文（形は上記の 3 通りが可能） 　L2, 6, 10

　　疑問副詞：où　どこに　　quand　いつ　　comment　どんな，どんな風に　　pourquoi　なぜ

　　　　　　　combien　（単独で）いくら　　combien de　いくつ，何人

① Elle arrive quand ?　　　　　　　　彼女はいつ到着しますか？

② Quand est-ce qu'elle arrive ?

③ Quand arrive-t-elle ?

3) 疑問形容詞 quel を用いた疑問文 　L3, 7

m.s.	f.s.	m.pl.	f.pl.
quel	quelle	quels	quelles

* quel は関係する名詞の性・数に合わせて変化する.

① quel + 名詞：「どんな？」「何（時，歳 ...）？」

　　Quel temps fait-il ?　どんな天気ですか？　　　Quelle heure est-il ?　何時ですか？

　　Quel âge avez-vous ?　何歳ですか？

② quel + être + 主語：「〜は何？」　　Quelle est votre adresse ?　あなたの住所は何ですか？

③ 前置詞 + quel

　　À quelle heure rentre-t-elle ?　彼女は何時に帰りますか？

　　En quelle année est-elle née ?　彼女は何年生まれですか？

4) 疑問代名詞を用いた疑問文　**L5, 6**

	主語（〜が）	直接目的語（〜を）
人（誰）	① Qui est-ce qui +V Qui +V	③ Qui est-ce que (qu') + S +V Qui + V + S
もの（何）	② Qu'est-ce qui + V	④ Qu'est-ce que (qu') + S + V Que + V + S

① Qui est-ce qui chante ?　Qui chante ?　　　誰が歌っていますか？

② Qu'est-ce qui ne va pas ?　　　　　　　　何が上手くいかないのですか？

③ Qui est-ce que tu cherches ?　Qui cherches-tu ?　君は誰を探しているの？

④ Qu'est-ce que tu cherches ?　Que cherches-tu ?　君は何を探しているの？

⑤ 属詞（誰？何？）を尋ねる疑問文

（人）　Qui est-ce ?　　　　　　C'est qui ?　　こちらは誰ですか？

（もの）Qu'est-ce que c'est ?　　C'est quoi ?　　これは何ですか？

⑥ 前置詞とともに用いる場合

（人）　前置詞 + qui　　　De qui parlez-vous ?　　誰について話していますか？

（もの）前置詞 + quoi　　De quoi parlez-vous ?　　何について話していますか？

7. 所有形容詞　**L6**

	m.s.	*f.s.*	*m.f.pl.*
私の	mon	ma (mon)	mes
君の	ton	ta (ton)	tes
彼の，彼女の	son	sa (son)	ses
私たちの	notre		nos
あなた（たち）の	votre		vos
彼らの，彼女たちの	leur		leurs

* 名詞の前につき，関係する名詞の性・数に合わせて変化する．

* 母音または h で始まる女性単数名詞の前で，ma, ta, sa は mon, ton, son となる．

　× ma école → ○ **mon** école

8. 指示形容詞　L8

m.s.	*f.s.*	*m.f.pl.*
ce (cet)	cette	ces

* 名詞の前に置き，関係する名詞の性・数に合わせて変化する.
* 母音または h で始まる男性単数名詞の前で，ce は cet となる.

9. 強めの代名詞（強勢形人称代名詞）　L4

主語	je	tu	il	elle	nous	vous	ils	elles
強勢形	moi	toi	lui	elle	nous	vous	eux	elles

用法　1) 主語の強調　　2) et, c'est のあと　　3) aussi の前　　4) 前置詞のあと

10. 中性代名詞　L14

中性代名詞は動詞の直前に置く. 否定文は，「中性代名詞 + 動詞」を ne ... pas ではさむ.

1) y

① 「場所を表す前置詞 (à, en, dans など) + 場所」の代わり.

② 「à + 名詞」の代わり.

2) en

① 「de + 場所」「de + 名詞」の代わり.

② 「不定冠詞 + 名詞」，「部分冠詞 + 名詞」，「否定の de (d') + 名詞」の代わり.

③ 「数詞 + 名詞」の名詞部分の代わり.

④ 「数量表現 (beaucoup de など) + 名詞」の de + 名詞の代わり.

11. 縮約：前置詞 à・de + 定冠詞　L8

1) à

① à + le → au　　② à + la (そのまま)　　③ à + l' (そのまま)　　④ à + les → aux

2) de

① de + le → du　　② de + la (そのまま)　　③ de + l' (そのまま)　　④ de + les → des

12. 国名とともに用いる前置詞　L8

1)「〜に，〜へ，〜で」

① au + 男性国名　　② en + 女性国名　　③ aux + 複数国名

2)「〜から」

① du + 男性国名　　② de (d') + 女性国名　　③ des + 複数国名

13．動詞の活用

1）規則動詞の現在形 　L2

① 第 1 群規則動詞（-er 動詞）：語尾の -er を除いた部分（＝語幹）に共通語尾をつける．

共通語尾				parler	
je	-e	nous	-ons	je parle	nous parlons
tu	-es	vous	-ez	tu parles	vous parlez
il/elle	-e	ils/elles	-ent	il/elle parle	ils/elles parlent

② 第 2 群規則動詞（-ir 動詞）：語尾の -ir を除いた部分（＝語幹）に共通語尾をつける． 　L7

共通語尾				finir	
je	-is	nous	-issons	je finis	nous finissons
tu	-is	vous	-issez	tu finis	vous finissez
il/elle	-it	ils/elles	-issent	il/elle finit	ils/elles finissent

③ partir 型（sortir も同型）：単数の語幹は par-，複数の語幹は part- 　L10

partir	
je pars	nous partons
tu pars	vous partez
il/elle part	ils/elles partent

④ 代名動詞：動詞部分の活用だけでなく，再帰代名詞も主語に合わせて変化する． 　L12

se lever	
je me lève	nous nous levons
tu te lèves	vous vous levez
il/elle se lève	ils/elles se lèvent

2）近い未来・近い過去 　L9

① 近い未来：aller + 不定詞　　② 近い過去：venir de (d') + 不定詞

3）命令形：tu, nous, vous に対する命令があり，それぞれ現在形の活用から主語を省く．
avoir, être の命令形は例外的活用． 　L11

	parler	aller	avoir	être
tu に対する命令	parle*	va*	aie	sois
nous に対する命令	parlons	allons	ayons	soyons
vous に対する命令	parlez	allez	ayez	soyez

* -er 動詞と aller の tu に対する命令では語尾の -s を省く．

4) **複合過去**：avoir または être の現在形 + 過去分詞 　L13

① avoir の現在形 + 過去分詞（大部分の動詞）

parler	
j'ai parlé	nous avons parlé
tu as parlé	vous avez parlé
il/elle a parlé	ils/elles ont parlé

② être の現在形 + 過去分詞（一部の自動詞，代名動詞）

過去分詞は主語の性・数に応じて，女性形は -e，複数形は -s をつける．

venir	
je suis venu(e)	nous sommes venu(e)s
tu es venu(e)	vous êtes venu(e)(s)
il est venu	ils sont venus
elle est venue	elles sont venues

5) **直説法半過去**：nous の現在形から -ons を除いた部分（= 語幹）に共通語尾をつける．
　être のみ，例外的な語幹（ét）をとる． 　L14

共通語尾			
je	-ais	nous	-ions
tu	-ais	vous	-iez
il/elle	-ait	ils/elles	-aient

parler （語幹 parl）	
je parlais	nous parlions
tu parlais	vous parliez
il/elle parlait	ils/elles parlaient

avoir （語幹 av）	
j'avais	nous avions
tu avais	vous aviez
il/elle avait	ils/elles avaient

être （語幹 ét）	
j'étais	nous étions
tu étais	vous étiez
il/elle était	ils/elles étaient

(188) **14. 数（70 ～ 100）**

70 soixante-dix	71 soixante et onze	72 soixante-douze
80 quatre-vingts	81 quatre-vingt-un	82 quatre-vingt-deux
90 quatre-vingt-dix	91 quatre-vingt-onze	92 quatre-vingt-douze
100 cent		

単語集

A

à	前	～に，～で，～へ
à + 時の表現		また～に（別れの挨拶）
à + 不定詞		～すべき
à deux		2人で
absent, e	形	欠席の
achat	男	買うこと
acheter	動	～を買う
acteur, actrice	名	俳優
admirer	動	～に感嘆する
adorer	動	～が大好きである
adresse	女	住所
aéroport	男	空港
âge	男	年齢，年
Agnès	固	アニェス（女性の名前）
ah	間	ああ
ah bon		ああそう，へえ
aimer	動	～を好む
s'aimer	代動	愛しあう
alcool	男	アルコール飲料
Allemagne	固女	ドイツ
allemand	男	ドイツ語
allemand, e	形	ドイツ（人）の
Allemand, e	名	ドイツ人
aller	動	行く；（体調が）～である
allô	間	もしもし
alors	副	それなら
alphabet	男	アルファベット
américain, e	形	アメリカ（人）の
Américain, e	名	アメリカ人
ami, e	名	友人
an	男	年；歳
anglais	男	英語
anglais, e	形	イギリス（人）の
Anglais, e	名	イギリス人
Angleterre	固女	イギリス
Anne	固	アンヌ（女性の名前）
année	女	（暦の上の）年

anniversaire	男	誕生日，記念日
août	男	8月
appareil	男	カメラ
appartement	男	アパルトマン，マンション
appeler (s')	代動	～という名前である
appendice	男	（巻末の）付録，補遺
après	前	～のあとで
après	副	あとで，それから
après-demain	副	明後日
après-midi	男	午後
arbre	男	木
Arc de triomphe	固男	凱旋門
architecte	名	建築家
argent	男	お金
armistice	男	休戦
arrêt	男	バス停
arriver	動	着く，到着する
arrondissement	男	（大都市の）区
artichaut	男	アーティチョーク
Ascension	女	キリスト昇天祭
ASEAN (Association des nations de l'Asie du Sud-Est)		
	固女	東南アジア諸国連合
Assomption	女	聖母被昇天祭
attaque	女	攻撃；襲撃
attendre	動	～を待つ
atterrir	動	着陸する
au		à + le の縮約形（p.38）
au revoir		さようなら
aubergine	女	ナス
aujourd'hui	副	今日
aussi	副	～もまた，同じく
automne	男	秋
aux		à + les の縮約形（p.38）
avant	前	～より前に
avant de		～する前に
avant	副	以前に
avant-hier	副	おととい
avec	前	～といっしょに；～に対して

avenir	男	将来
Avent	男	待降節
		（クリスマス前の 4 週間）
avenue	女	（並木のある）大通り
avion	男	飛行機
avocat, e	名	弁護士
avoir	動	～を持っている
avril	男	4 月

B

baccalauréat (bac)	男	バカロレア，大学入学資格（試験）
baguette	女	バゲット（パン）
bain	男	風呂
prendre un bain		風呂に入る
banane	女	バナナ
banque	女	銀行
baskets	女	スニーカー，バスケットシューズ
Bastille	固	バスチーユ監獄
batte	女	バット
bavard, e	形	おしゃべりな
bavarder	動	おしゃべりをする
BD (bande dessinée)		
	男	（フランスの）マンガ
beau, bel, belle, beaux, belles		
	形	美しい；晴れた
il fait beau	非	天気がいい
beaucoup	副	とても，大いに，たくさん
beaucoup de		たくさんの
beauté	女	美しさ
beurre	男	バター
bibliothèque	女	図書館
bien	副	じょうずに；よく
bien sûr	→	sûr
bientôt	副	まもなく
billet	男	（飛行機などの）切符；紙幣
blanc, blanche	形	白い
bleu, e	形	青い
boire	動	～を飲む
boisson	女	飲み物
bon, bonne	形	よい；おいしい
bonjour	男	おはよう，こんにちは
bonsoir	男	こんばんは
bord	男	周辺
au bord de		～沿いで，～のほとりで
Bordeaux	固	ボルドー（都市）
boulangerie	女	パン屋
boulevard	男	大通り
Bourgogne-Franche-Comté		

	固女	ブルゴーニュ＝フランシュ＝コンテ（地域圏）
bravo	間	ブラヴォー，いいぞ
Brésil	固男	ブラジル
Bretagne	固女	ブルターニュ（地域圏）
bricolage	男	DIY，日曜大工
brosser (se)	代動	（自分の）～をブラシで磨く
se brosser les dents		歯を磨く
bureau (複 bureaux)		
	男	会社，オフィス
bus	男	バス

C

ça	代	これ，それ，あれ
C'est ça.		そうです，そのとおりです
cadeau (複 cadeaux)		
	男	贈り物，プレゼント
café	男	コーヒー；カフェ，喫茶店
café au lait	男	カフェ・オ・レ
cahier	男	ノート
calendrier	男	カレンダー
camping	男	キャンプ
Canada	固男	カナダ
canadien, canadienne	形	カナダ（人）の
carrefour	男	交差点
casquette	女	帽子（キャップ）
casser	動	～を割る，壊す
ce	代	これ，それ，あれ（指示代名詞）
ce, cet, cette, ces	形	この，その，あの
		（指示形容詞 p.38）
CE1 (cours élémentaire 1)		
	男	（日本の）小学校 2 年
CE2 (cours élémentaire 2)		
	男	（日本の）小学校 3 年
cent		100，100 の
Centre Pompidou	固男	ポンピドゥーセンター
ces	→	ce
cet	→	ce
cette	→	ce
chambre	女	部屋，寝室
Chamonix	固	シャモニー（都市）
Champs-Élysées		
	固男	（複）シャンゼリゼ大通り
chance	女	幸運；チャンス
chanson	女	歌，シャンソン
chanter	動	歌う
chapeau (複 chapeaux)	男	帽子
Charles de Gaulle	固	シャルル・ド・ゴール
		（フランスの元大統領）
chat, chatte	名	猫
château (複 châteaux)	男	城

chaud, *e*	形	暑い；温かい	
il fait chaud	非	（天候が）暑い	
chaussures	女	（複）靴	
chef	男	料理長	
chemise	女	ワイシャツ	
chemisier	男	ブラウス	
chenille	女	毛虫	
chercher	動	〜を探す	
cheveu (複 *cheveux*)	男	髪の毛	
chez	前	〜の家で，〜の家に	
chien, *chienne*	名	犬	
Chine	固女	中国	
chinois	男	中国語	
chinois, *e*	形	中国（人）の	
Chinois, *e*	名	中国人	
chocolat	男	チョコレート；ココア	
choisir	動	〜を選ぶ	
chou (複 *choux*)	男	キャベツ	
chrysanthème	男	キク（菊）	
cinéma	男	映画；映画館	
cinq		5，5つの	
cinquante		50，50の	
cinquième		5番目の；5分の1	
cinquième (5ᵉ)	女	（日本の）中学校1年	
civil, *e*	形	市民の；非宗教的な	
classe	女	教室，クラス	
Claire	固	クレール（女性の名前）	
clé, clef	女	カギ	
CM1 (cours moyen 1)			
	男	（日本の）小学校4年	
CM2 (cours moyen 2)			
	男	（日本の）小学校5年	
coca	男	コーラ	
coin	男	コーナー	
colle	女	のり	
collection	女	収集，コレクション	
collège	男	中学校	
combien	副	いくら	
combien de		いくつの，どれだけの	
comme	接	〜として	
commencer	動	〜を始める；始まる	
comment	副	どんな；どんな風に	
complémentarité	女	補完性	
concert	男	コンサート	
concombre	男	キュウリ	
confiture	女	ジャム	
connaître	動	〜を知っている	
conseil	男	助言，アドバイス	
consommé	男	コンソメ	

coquelicot	男	ヒナゲシ	
Corée	固女	韓国	
coréen	男	韓国語	
coréen, *coréenne*	形	韓国（人）の	
Coréen, *Coréenne*	名	韓国人	
côté	男	側，方面	
à côté de		〜のとなりに	
coucher (se)	代動	寝る	
cours	男	授業	
courses	女	（複）買い物	
faire des (ses) courses		買い物をする	
court, *e*	形	短い	
cousin, *e*	名	いとこ	
coussin	男	クッション	
cravate	女	ネクタイ	
crayon	男	鉛筆	
crèche	女	保育所；キリスト生誕群像	
crème	女	クリーム	
crêpe	女	クレープ	
cuisine	女	料理；台所	
faire la cuisine		料理をする	
culture	女	文化	
curry	男	カレー	

D

d'abord		まず，最初に	
d'accord		わかりました	
dans	前	〜の中に，中で，中へ；（今から）〜後に	
danse	女	ダンス	
de	前	〜の；〜から	
de ... à 〜		…から〜まで	
début	男	初め；デビュー	
décembre	男	12月	
déjà	副	すでに，もう	
déjeuner	男	昼食	
déjeuner	動	昼食をとる	
de la	→	du	
de l'	→	du	
demain	副	明日	
demi, *e*	形	半分の	
et demie		〜時半（時刻）	
dent	女	歯	
dentiste	名	歯医者	
dépêcher (se)	代動	急ぐ	
déranger	動	〜の邪魔をする	
dernier, *dernière*	形	最後の；この前の	
derrière	前	〜の後ろに	
des	→	un	
des		de + les の縮約形 (p.39)	

descendre	動	降りる
désolé, e	形	すまなく思った
dessert	男	デザート
dessin animé	男	アニメ
dessiner	動	絵を描く
deux		2，2つの
deuxième		2番目の
devant	前	～の前に
devoir	動	～しなければならない
devoirs	男	（複）宿題
d'habitude		いつもは，ふだんは
dialogue	男	対話
difficile	形	難しい
dimanche	男	日曜日
dîner	男	夕食
dîner	動	夕食をとる
dix		10，10の
dix-huit		18，18の
dix-neuf		19，19の
dix-sept		17，17の
dixième		10番目の；10分の1
dommage	男	残念なこと
C'est dommage.		それは残念だ.
donner	動	～を与える；教える
douche	女	シャワー
prendre une douche		シャワーを浴びる
doucher (se)	代動	シャワーを浴びる
douzaine	女	ダース
une douzaine de		1ダースの
douze		12，12の
drapeau	男	旗
droit	男	法学
droit	副	真直ぐに
tout droit		真直ぐに
droite	女	右，右側
à droite		右に
à droite de		～の右に
sur votre droite		（あなたの）右手に
du, de la, de l'	冠	いくらかの（部分冠詞 p.26）
du		de + le の縮約形（p.39）
Dubois	固	デュボワ（苗字）

E

eau (複 eaux)	女	水
eau minérale		ミネラルウォーター
école	女	学校，（特に）小学校
école élémentaire		小学校
école maternelle		幼稚園
École normale supérieure		
	固女	高等師範学校

École Polytechnique	固女	理工科学校
grande école		高等専門学校
économie	女	経済学
écouter	動	～を聞く，～の話を聞く
écrire	動	（手紙やメールを）書く
égalité	女	平等
église	女	教会
éléphant	男	ゾウ
élève	名	生徒
elle	代	彼女は，それは
		（主語人称代名詞 p.10）
		彼女（強勢形 p.22）
elles	代	彼女たちは，それらは
		（主語人称代名詞 p.10）
		彼女たち（強勢形 p.22）
employé, e	名	会社員
en	前	～に，～で，～へ
en	代	それを（中性代名詞 p.63）
enchanté, e	形	はじめまして
encore	副	まだ
enfance	女	子ども時代
enfant	名	子ども
enquête	女	調査，アンケート
ensemble	副	いっしょに
entrer	動	入る
épice	女	香辛料，スパイス
Épiphanie	女	公現祭
équitation	女	乗馬
escargot	男	カタツムリ
Espagne	固女	スペイン
espagnol	男	スペイン語
espagnol, e	形	スペイン（人）の
Espagnol, e	名	スペイン人
estomac	男	胃
et	接	～と，そして
États-Unis	固男	（複）アメリカ合衆国
été	男	夏
étiquette	女	付箋
étranger	男	外国
être	動	～である；～にいる
être à + 人		～のものである
étudiant, e	名	（大学の）学生
étudier	動	～を勉強する
euh	間	えーと
euro	男	ユーロ
eux	代	彼ら（強勢形 p.22）
examen	男	試験
excusez-moi		すみません
exercice	男	練習問題

F

fac (faculté)	囡	大学，学部
face	囡	顔；（物体の）面
en face de		〜の正面に
faim	囡	空腹
avoir faim		お腹がすいている
faire	働	〜をする；〜を作る
il fait	非	天気が〜だ
falloir (il faut)	非働	〜しなければならない；〜が必要である
famille	囡	家族
faux, *fausse*	形	間違った
femme	囡	女性；妻
fenêtre	囡	窓
férié, e	形	祝祭（日）の
fermer	働	〜を閉める
fête	囡	祝祭；パーティー
feu	男	信号
février	男	２月
fièvre	囡	熱
fille	囡	娘；女の子
film	男	映画
fils	男	息子
finir	働	〜を終える；終わる
fleur	囡	花
Flore	固囡	（ローマ神話）フローラ（花と豊穣と春の女神）
fois	囡	〜度，〜回
football (foot)	男	サッカー
forêt	囡	森
fort	副	強く
parler fort		大声で話す
fraise	囡	イチゴ
français	男	フランス語
français, e	形	フランス（人）の
Français, e	名	フランス人
France	固囡	フランス
François	固	フランソワ（男性の名前）
francophonie	囡	フランス語圏
fraternité	囡	友愛
frère	男	兄，弟
frigo	男	冷蔵庫
frites	囡	（複）フライドポテト
froid, e	形	冷たい；寒い
il fait froid	非	（天候が）寒い
fromage	男	チーズ
fruit	男	果物

G

garçon	男	男の子
gare	囡	（鉄道の）駅
gâteau (複 *gâteaux*)	男	ケーキ，菓子
gauche	囡	左，左側
à gauche		左に
à gauche de		〜の左に
sur votre gauche		（あなたの）左手に
genre	男	（文法上の）性
gentil, *gentille*	形	親切な
glace	囡	アイスクリーム；鏡
golf	男	ゴルフ
gomme	囡	消しゴム
gorge	囡	のど
grand, e	形	大きい，背が高い
grand magasin →		magasin
grand prix →		prix
Grand Est	固男	グラン・テスト（地域圏）
grand-mère	囡	祖母
grand-père	男	祖父
grande école →		école
grands-parents	男	（複）祖父母
gratuit, e	形	無料の，無償の
gros, *grosse*	形	太った；大きな
guitare	囡	ギター
gym	囡	体操

H

habiller (s')	代働	服を着る，着替えをする
habiter	働	〜に住む
Hauts-de-France	固男	（複）オー=ド=フランス（地域圏）
héros	男	英雄；ヒーロー
heure	囡	時間，〜時
tout à l'heure		さっき；まもなく
hier	副	昨日
histoire	囡	歴史，歴史学；話
hiver	男	冬
homme	男	人間；男性
hôpital (複 *hôpitaux*)	男	病院
hôtel	男	ホテル
huile	囡	油
huit		8，8つの
huitième		8番目の；8分の１

I

ici	副	ここ
d'ici		ここから
idée	囡	思いつき，アイディア
il	代	彼は，それは

		(主語人称代名詞 p.10)
il y a	非	〜がある
il y a		(今から)〜前に
Île-de-France	固女	イル＝ド＝フランス (地域圏)
ils	代	彼らは，それらは
		(主語人称代名詞 p.10)
important, e	形	重要な
informatique	女	情報科学
ingénieur	男	エンジニア
intelligent, e	形	頭のいい
intéressant, e	形	おもしろい，興味深い
intéresser (s')	代動	(à に)興味を持つ
Invalides	固男	(複) アンヴァリッド (廃兵院)
Italie	固女	イタリア
italien	男	イタリア語
italien, italienne	形	イタリア (人) の
Italien, Italienne	名	イタリア人

J

Jacques	固	ジャック (男性の名前)
jambe	女	脚
janvier	男	1月
Japon	固男	日本
japonais	男	日本語
japonais, e	形	日本 (人) の
Japonais, e	名	日本人
japonisme	男	ジャポニスム，日本趣味
jardin	男	庭，庭園
jardin du Luxembourg		
	固男	リュクサンブール公園
jardinage	男	ガーデニング
jaune	形	黄色い
je	代	私は (主語人称代名詞 p.10)
Jean	固	ジャン (男性の名前)
jeudi	男	木曜日
jeux vidéo	男	(複) (テレビ) ゲーム
joli, e	形	きれいな，かわいい
jouer	動	遊ぶ；演じる
jouer à		〜で遊ぶ；
		(球技などを) する
jouer de		〜を演奏する
jour	男	1日，日，曜日
ce jour-là		その日
tous les jours		毎日
journaliste	名	ジャーナリスト
J-pop	女	Jポップ
juillet	男	7月
juin	男	6月
Juliette	固	ジュリエット (女性の名前)
jupe	女	スカート

jus	男	ジュース
jus d'orange		オレンジジュース
jusqu'à	前	〜まで

K

karaoké	男	カラオケ
kilo	男	キログラム
un kilo de		1キログラムの
kiwi	男	キウイ (フルーツ)

L

la	→	le
là-bas	副	あそこに
laïque	形	宗教から独立した
lait	男	牛乳
lavande	女	ラベンダー
laver (se)	代動	(自分の体・手などを) 洗う
le, la, les	冠	その，〜というもの (総称)
		(定冠詞 p.15)
Léa	固	レア (女性の名前)
leçon	女	授業，課
lecture	女	読書
léger, légère	形	軽い
légumes	男	(複) 野菜
les	→	le
lessive	女	洗濯
lettre	女	手紙
leur, leurs	形	彼らの，彼女たちの，それらの (所有形容詞 p.30)
lever	動	(人を) 起こす
se lever	代動	起きる
liberté	女	自由
librairie	女	本屋
ligne	女	線
lire	動	〜を読む
littérature	女	文学
livre	男	本
loin	副	遠くに
loin de		〜から遠くに
Loire	固女	ロワール川；ロワール (地方)
long, longue	形	長い
lui	代	彼 (強勢形 p.22)
lundi	男	月曜日
lunettes	女	(複) 眼鏡
lycée	男	高校
lycéen, lycéenne	名	高校生
Lyon	固	リヨン (都市)

M

ma	→	mon
macaron	男	マカロン

madame (複 *mesdames*)
　　　　　　　　女　女性に対する敬称
mademoiselle (複 *mesdemoiselles*)
　　　　　　　　女　未婚の女性に対する敬称
magasin　　　　男　商店
　grand magasin　　デパート
magnifique　　　形　すばらしい
magot　　　　　男　(中国・日本製の陶器で作った)
　　　　　　　　　　人形の置物
mai　　　　　　男　5月
main　　　　　　女　手
maintenant　　　副　今
mairie　　　　　女　市役所
mais　　　　　　接　しかし
maison　　　　　女　家
mal　　　　　　男　痛み
　avoir mal à　　　～が痛い
manga　　　　　男　マンガ
manger　　　　　動　～を食べる
manteau (複 *manteaux*)　男　コート
maquiller (se)　　代動　化粧する
marché　　　　　男　市場，マーケット
mardi　　　　　男　火曜日
mari　　　　　　男　夫
Marie　　　　　固　マリー (女性の名前)
mars　　　　　　男　3月
Marseille　　　　固　マルセイユ (都市)
maths (*mathématiques* の略)　女 (複)数学
matin　　　　　男　朝
mauvais, e　　　形　悪い；まずい；(天候が) 悪い
　il fait mauvais　　非　天気が悪い
médecin　　　　男　医者
ménage　　　　　男　家事，(特に) 掃除
menu　　　　　　男　コース料理，定食
mer　　　　　　女　海
merci　　　　　　間　ありがとう
mercredi　　　　男　水曜日
mère　　　　　　女　母
mes　　　　　　→　mon
métro　　　　　男　地下鉄
mettre　　　　　動　～を置く；～を着る
midi　　　　　　男　正午
mimosa　　　　　男　ミモザ
mince　　　　　　形　ほっそりした；薄い
minuit　　　　　男　午前零時
minute　　　　　女　分
moi　　　　　　代　私 (強勢形 p.22)
moins　　　　　前　(時刻の) ～分前
mois　　　　　　男　(暦の) 月

au mois de　　　　～月に
moment　　　　　男　時，時間
mon, *ma, mes*　形　私の (所有形容詞 p.30)
monnaie　　　　女　小銭
monsieur (複 *messieurs*)
　　　　　　　　男　男性に対する敬称
montagne　　　　女　山
monter　　　　　動　登る，上がる
montre　　　　　女　腕時計
moto　　　　　　女　バイク
mourir　　　　　動　死ぬ
muguet　　　　　男　スズラン
musée　　　　　男　美術館
　musée du Louvre　固男　ルーヴル美術館
　musée d'Orsay　固男　オルセー美術館
　musée Picasso　固男　ピカソ美術館
　musée Rodin　　固男　ロダン美術館
musique　　　　女　音楽

N

naître　　　　　動　生まれる
Napoléon　　　　固男　ナポレオン
natation　　　　女　水泳
national, e (男複 *nationaux*)　形 国の，国立の
ne ... jamais　　　決して～ない，一度も～ない
ne ... ni ... ni　　　～も～もない
ne ... pas　　　　～ではない
ne ... pas encore　　まだ～ない
ne ... pas tellement　それほど～でない
ne ... personne　　誰も～ない
ne ... plus　　　　もう～ない
ne ... que　　　　～しかない
ne ... rien　　　　何も～ない
neiger (il neige)　非動　雪が降る
neuf　　　　　　9，9つの
neuvième　　　　9番目の；9分の1
Nice　　　　　　固　ニース (都市)
Noël　　　　　　男　クリスマス
　Père Noël　　　　サンタクロース
noir, e　　　　　形　黒い
nom　　　　　　男　名前，姓
non　　　　　　副　いいえ
Normandie　　　固女　ノルマンディー (地域圏)
nos　　　　　　→　notre
notre, *nos*　　　形　私たちの (所有形容詞 p.30)
Notre-Dame　　固女　聖母マリア；ノートルダム大
　　　　　　　　　　聖堂
nous　　　　　　代　私たちは (主語人称代名詞p.10)；
　　　　　　　　　　私たち (強勢形 p.22)
nouveau, *nouvel, nouvelle, nouveaux, nouvelles*

	形	新しい
Nouvelle-Aquitaine		
	固女	ヌーヴェル＝アキテーヌ（地域圏）
novembre	男	11月
nuit	女	夜

O

objet	男	物，物体
Occitanie	固女	オクシタニー（地域圏）
OCDE (Organisation de coopération et de développement économiques)		
	固女	経済協力開発機構
octobre	男	10月
œil (複 yeux)	男	目
œuf	男	卵
oignon	男	タマネギ
Olive	固	Olivier（オリヴィエ，男性の名前）の愛称
omelette	女	オムレツ
on	代	人々は，私たちは（主語代名詞）
oncle	男	おじ
ONU (Organisation des Nations Unies)		
	固女	国際連合，国連
onze		11，11の
onzième		11番目の；11分の1
OPEP (Organisation des pays exportateurs de pétrole)		
	固女	石油輸出国機構
opéra	男	オペラ；オペラ劇場
Opéra	固男	（パリの）オペラ座
opéra Garnier	固男	オペラ・ガルニエ（オペラ座）
orange	女	オレンジ
ordinateur	男	コンピューター
oreille	女	耳
OTAN (Organisation du traité de l'Atlantique nord)		
	固女	北大西洋条約機構
ou	接	または，あるいは
où	副	どこに，どこへ
oui	副	はい
ouvrir	動	～をあける

P

pain	男	パン
pantalon	男	ズボン
papier	男	紙
Pâques	女	（複）復活祭
par	前	～によって；～につき
parapluie	男	傘
parc	男	公園
parce que	接	～なので；なぜならば

pardon	男	すみません
parents	男	（複）両親
parfum	男	香り；香水
Paris	固	パリ（都市）
parler	動	～を話す
parler de		～について話す
partir	動	出発する
partout	副	いたる所に
passage	男	通路；アーケード街
passer	動	～を過ごす
pastèque	女	スイカ
pâtisserie	女	ケーキ屋
pâtissier, pâtissière	名	パティシエ
Paul	固	ポール（男性の名前）
Pékin	固	北京（都市）
pendant	前	～の間
penser	動	（à の）ことを考える
Pentecôte	女	聖霊降臨祭
père	男	父
petit, e	形	小さい，背が低い
petit déjeuner	男	朝食
prendre son petit déjeuner		
		朝食をとる
peu	→	un peu de
peur	女	恐怖，恐れ
avoir peur		（de が）怖い，心配だ
peut-être	副	たぶん
pharmacie	女	薬局
photo	女	写真
piano	男	ピアノ
pied	男	足
à pied		徒歩で
Pierre	固	ピエール（男性の名前）
place	女	場所，空間；広場
plaisir	男	喜び
avec plaisir		喜んで
pleuvoir (il pleut)	非動	雨が降る
plurilinguisme	男	複言語主義
poire	女	ナシ（梨）
poisson	男	魚
politique	女	政治
pomme	女	リンゴ
pomme de terre	女	ジャガイモ
porte	女	ドア
poste	女	郵便局
pot-pourri	男	ポプリ
poulet	男	鶏肉
pour	前	～に向けて；～のために；～の予定で

pourquoi	副	なぜ
pouvoir	動	～できる
pratique	形	便利な
premier	男	(月の) 1日
premier, première	形	最初の，第1の
première	女	(日本の) 高校2年
prendre	動	～を手に取る；(食事を) とる，食べる，飲む；(乗り物に) 乗る；(道を) 進む
prénom	男	名，ファーストネーム
près	副	近くに
à peu près		だいたい
près de		～の近くに
près d'ici		この近くに
presque	副	ほとんど
prêt, e	形	準備のできた
prince	男	王子
printemps	男	春
prix	男	賞
grand prix		グランプリ
prochain, e	形	この次の，今度の
professeur	名	教師
promener (se)	代動	散歩する
prononcer (se)	代動	発音される
Provence-Alpes-Côte-d'Azur		
	固女	プロヴァンス＝アルプ＝コート＝ダジュール (地域圏)
puis	副	次に，それから
pull	男	セーター
puces	女	(複数) 蚤の市

Q

quand	副	いつ
quand	接	～するときに，～のとき
quarante		40，40の
quart	男	4分の1；15分
quatorze		14，14の
quatre		4，4つの
quatre-vingt-dix		90，90の
quatre-vingts		80，80の
quatrième		4番目の
quatrième (4e)	女	(日本の) 中学校2年
que	代	何を (疑問代名詞→ qu'est-ce que)
quel, quelle, quels, quelles		
	形	どんな，何 (疑問形容詞 p.19, p.35)
quelque chose	代	何か (不定代名詞)
quelqu'un	代	誰か (不定代名詞)
qu'est-ce que, que, quoi		
	代	何を (疑問代名詞 p.27)
qu'est-ce qui	代	何が (疑問代名詞 p.68)
qui	代	誰を；誰が
qui est-ce que / qui		誰を (疑問代名詞 p.30)
qui est-ce qui / qui		誰が (疑問代名詞 p.68)
quinze		15，15の
quitter	動	～を離れる，去る
quoi	→	qu'est-ce que (疑問代名詞 p.68)

R

rapport	男	レポート
raser (se)	代動	ひげをそる
regarder	動	～を見る
religieux, religieuse	形	宗教の
Renoir	固男	ルノワール (画家)
rentrer	動	帰る；帰宅する
repas	男	食事
réserver	動	～を予約する
restaurant	男	レストラン
rester	動	～にとどまる，居続ける
réussir	動	(à に) 成功する
réveiller (se)	代動	目覚める
revenir	動	戻ってくる，帰ってくる
riz	男	米，ご飯
riz au curry		カレーライス
robe	女	ワンピース
rôdeur, rôdeuse	名	うろつく人
roman	男	小説
Rome	固	ローマ (都市)
rose	女	バラ (の花)
rouge	形	赤い
rue	女	通り

S

sa	→	son
sac	男	バッグ
sac à dos		リュックサック
sage	形	おとなしい，聞き分けのよい
saison	女	季節
salade	女	サラダ
salon	男	応接間；客間
salut	男	やあ，じゃあまた
samedi	男	土曜日
le samedi		毎週土曜日
tous les samedis		毎週土曜日
sapin	男	モミの木
sculpture	女	彫刻
second, e		2番目の
seconde	女	(日本の) 高校1年

seize		16，16の
semaine	女	週
Séoul	固	ソウル（都市）
sept		7，7つの
septembre	男	9月
septième		7番目の；7分の1
ses	→	son
si	副	（否定の疑問に対する肯定の答え）いいえ
s'il te plaît		お願い
s'il vous plaît		お願いします
site	男	サイト；景色
six		6，6つの
sixième		6番目の；6分の1
sixième (6e)	女	（日本の）小学校6年
ski	男	スキー
smartphone	男	スマートフォン
sœur	女	姉，妹
soif	女	（喉の）渇き
avoir soif		喉が渇いている
soir	男	晩，夕方，夜
tous les soirs		毎晩
soixante		60，60の
soixante-dix		70，70の
solidarité	女	連帯，団結
sommeil	男	眠け
avoir sommeil		眠い
son, sa, ses	形	彼（女）の（所有形容詞 p.30）
sorbet	男	シャーベット
sortir	動	出る，外に出る；（映画が）封切られる
soupe	女	スープ
souvenir (se)	代動	（de を）覚えている
souvent	副	よく，しばしば
sport	男	スポーツ
station	女	（地下鉄の）駅
stationner	動	駐車する
Strasbourg	固	ストラスブール（都市）
styliste	名	デザイナー
stylo	男	ペン，万年筆
sushi	男	鮨，寿司
suite	女	続き
tout de suite		すぐに
supermarché	男	スーパー
sur	前	～の上に，（方向）～の方に
sûr, e	形	（de を）確信している
bien sûr		もちろん
surtout	副	とりわけ，特に

T

ta	→	ton
table	女	テーブル
tableau (複 tableaux)	男	絵
tablette	女	タブレット
tante	女	おば
tard	副	遅く
tarte	女	タルト
taxi	男	タクシー
télé (télévision)	女	テレビ
téléphoner	動	（à に）電話をかける
se téléphoner	代動	電話しあう
temps	男	時；時間；天気
de temps en temps		ときどき
tennis	男	テニス
terminale	女	（日本の）高校3年
terminer	動	～をやり終える
tes	→	ton
tête	女	頭
thé	男	茶，紅茶
théâtre	男	演劇；劇場
Théo	固	テオ（男性の名前）
tiens	間	おや，ほら，まあ
Titan	固	タイタン（ギリシャ神話の神，巨神族）
toi	代	君（強勢形 p.22）
toilettes	女	（複）トイレ
Tom	固	Thomas（トマ，男性の名前）の愛称
tomate	女	トマト
tombeau	男	墓
tomber	動	落ちる；転ぶ
ton, ta, tes	形	君の（所有形容詞 p.30）
tôt	副	早く，早い時間に
toujours	副	いつも；今でも
tour	男	一周，周遊旅行
Tour de France	固男	ツール・ド・フランス（自転車レース）
tour	女	塔，タワー
tour Eiffel	固女	エッフェル塔
touriste	名	観光客
tourner	動	曲がる
Toussaint	女	諸聖人の日
tout, toute, tous, toutes	形	すべての～，～全体（不定形容詞）
tout de suite →		suite
train	男	列車，電車
travail (複 travaux)	男	仕事；勉強
travailler	動	働く；勉強する

traverser	動	～を横切る
treize		13，13の
trente		30，30の
trente et un		31，31の
très	副	非常に，とても
très bien		とてもよく
tricolore	形	3色の
trois		3，3つの
troisième		3番目の
troisième (3ᵉ)	女	（日本の）中学校3年
trou	男	穴
trousse	女	ペンケース
tu	代	君は（主語人称代名詞 p.10）
type	男	タイプ

U

un, *une, des*	冠	ある，いくつかの（不定冠詞 p.18）
un, *une*		1，1つの
unité	女	単位，単元
université	女	大学
un peu		少し
un peu de		少しの

V

vacances	女	（複）ヴァカンス
vaisselle	女	食器；食器洗い，皿洗い
valise	女	スーツケース
vase	男	花びん
vélo	男	自転車
vendre (se)	代動	売れる，売られる
vendredi	男	金曜日
venir	動	来る
ventre	男	腹
vers	前	～の頃に
Versailles	固	ヴェルサイユ（都市）
veste	女	上着，ジャケット

viande	女	肉
victoire	女	勝利
vie	女	生命；人生；生活
villa	女	別荘
vin	男	ワイン
vingt		20，20の
vingt et un		21，21の
vingt et unième		21番目の
vingtième		20番目の；20分の1
violon	男	ヴァイオリン
visage	男	顔
visiter	動	～を訪れる，見物する
visiteur, *visiteuse*	名	見物人，観光客；訪問者
voici	副	ここに～がある
voilà	副	あそこに～がある
voir	動	～が見える；～に会う；～を理解する
voiture	女	車
vos	→	votre
votre, *vos*	形	あなた（たち）の（所有形容詞 p.30）
vouloir	動	～が欲しい，～したい
vous	代	あなた（たち）は（主語人称代名詞 p.10）あなた（たち）（強勢形 p.22）
voyage	男	旅行
Voyons voir.		どれどれ
vrai, *e*	形	本当の，真の

W

week-end	男	週末

Y

y	代	そこに，それに（中性代名詞 p.63）
yaourt	男	ヨーグルト

アンコール　サリュ　1

田辺　保子　著
西部由里子

2024. 2. 1　初版 1 刷発行

発行者　上 野 名 保 子

〒101-0062 東京都千代田区神田駿河台 3 の 7
発行所　電話 03(3291)1676　FAX 03(3291)1675

株式
会社　駿河台出版社

製版・印刷・製本　㈱フォレスト
http://www.e-surugadai.com
ISBN 978-4-411-01144-2

動 詞 活 用 表

◇ 活用表中，現在分詞と過去分詞はイタリック体，
また書体の違う活用は，とくに注意すること．

accueillir	22	écrire	40	pleuvoir	61
acheter	10	émouvoir	55	pouvoir	54
acquérir	26	employer	13	préférer	12
aimer	7	envoyer	15	prendre	29
aller	16	être	2	recevoir	52
appeler	11	être aimé(e)(s)	5	rendre	28
(s')asseoir	60	être allé(e)(s)	4	résoudre	42
avoir	1	faire	31	rire	48
avoir aimé	3	falloir	62	rompre	50
battre	46	finir	17	savoir	56
boire	41	fuir	27	sentir	19
commencer	8	(se) lever	6	suffire	34
conclure	49	lire	33	suivre	38
conduire	35	manger	9	tenir	20
connaître	43	mettre	47	vaincre	51
coudre	37	mourir	25	valoir	59
courir	24	naître	44	venir	21
craindre	30	ouvrir	23	vivre	39
croire	45	partir	18	voir	57
devoir	53	payer	14	vouloir	58
dire	32	plaire	36		

◇ 単純時称の作り方

不定法		直説法現在			接続法現在		直説法半過去	
—er [e] —ir [ir] —re [r] —oir [war]	je (j')	—e [無音]	—s [無音]	—e	[無音]	—ais	[ɛ]
	tu	—es [無音]	—s [無音]	—es	[無音]	—ais	[ɛ]
	il	—e [無音]	—t [無音]	—e	[無音]	—ait	[ɛ]
現在分詞	nous	—ons	[ɔ̃]	—ions	[jɔ̃]	—ions	[jɔ̃]
	vous	—ez	[e]	—iez	[je]	—iez	[je]
—ant [ɑ̃]	ils	—ent	[無音]	—ent	[無音]	—aient	[ɛ]

	直説法単純未来		条件法現在	
je (j')	—rai	[re]	—rais	[rɛ]
tu	—ras	[rɑ]	—rais	[rɛ]
il	—ra	[ra]	—rait	[rɛ]
nous	—rons	[rɔ̃]	—rions	[rjɔ̃]
vous	—rez	[re]	—riez	[rje]
ils	—ront	[rɔ̃]	—raient	[rɛ]

	直 説 法 単 純 過 去					
je	—ai	[e]	—is	[i]	—us	[y]
tu	—as	[ɑ]	—is	[i]	—us	[y]
il	—a	[a]	—it	[i]	—ut	[y]
nous	—âmes	[am]	—îmes	[im]	—ûmes	[ym]
vous	—âtes	[at]	—îtes	[it]	—ûtes	[yt]
ils	—èrent	[ɛr]	—irent	[ir]	—urent	[yr]

過去分詞	—é [e], —i [i], —u [y], —s [無音], —t [無音]

①**直説法現在**の単数形は，第一群動詞では—e，—es，—e；他の動詞ではほとんど—s，—s，—t.

②**直説法現在**と**接続法現在**では，nous, vous の語幹が，他の人称の語幹と異なること（母音交替）がある.

③**命令法**は，直説法現在の tu, nous, vous をとった形.（ただし—es → e　vas → va）

④**接続法現在**は，多く直説法現在の3人称複数形から作られる. ils partent → je parte.

⑤**直説法半過去**と**現在分詞**は，直説法現在の1人称複数形から作られる.

⑥**直説法単純未来**と**条件法現在**は多く不定法から作られる. aimer → j'aimerai, finir → je finirai, rendre → je rendrai(-oir 型の語幹は不規則).

3

1. avoir — 直説法

	現在		半過去		単純過去	
現在分詞	j'	ai	j'	avais	j'	eus [y]
ayant	tu	as	tu	avais	tu	eus
	il	a	il	avait	il	eut
過去分詞	nous	avons	nous	avions	nous	eûmes
eu [y]	vous	avez	vous	aviez	vous	eûtes
	ils	ont	ils	avaient	ils	eurent

命令法	複合過去			大過去			前過去		
	j'	ai	eu	j'	avais	eu	j'	eus	eu
aie	tu	as	eu	tu	avais	eu	tu	eus	eu
	il	a	eu	il	avait	eu	il	eut	eu
ayons	nous	avons	eu	nous	avions	eu	nous	eûmes	eu
ayez	vous	avez	eu	vous	aviez	eu	vous	eûtes	eu
	ils	ont	eu	ils	avaient	eu	ils	eurent	eu

2. être — 直説法

	現在		半過去		単純過去	
現在分詞	je	suis	j'	étais	je	fus
étant	tu	es	tu	étais	tu	fus
	il	est	il	était	il	fut
過去分詞	nous	sommes	nous	étions	nous	fûmes
été	vous	êtes	vous	étiez	vous	fûtes
	ils	sont	ils	étaient	ils	furent

命令法	複合過去			大過去			前過去		
	j'	ai	été	j'	avais	été	j'	eus	été
sois	tu	as	été	tu	avais	été	tu	eus	été
	il	a	été	il	avait	été	il	eut	été
soyons	nous	avons	été	nous	avions	été	nous	eûmes	été
soyez	vous	avez	été	vous	aviez	été	vous	eûtes	été
	ils	ont	été	ils	avaient	été	ils	eurent	été

3. avoir aimé — 直説法

[複合時称]

分詞複合形
ayant aimé

命令法	複合過去			大過去			前過去		
	j'	ai	aimé	j'	avais	aimé	j'	eus	aimé
aie aimé	tu	as	aimé	tu	avais	aimé	tu	eus	aimé
	il	a	aimé	il	avait	aimé	il	eut	aimé
	elle	a	aimé	elle	avait	aimé	elle	eut	aimé
ayons aimé	nous	avons	aimé	nous	avions	aimé	nous	eûmes	aimé
	vous	avez	aimé	vous	aviez	aimé	vous	eûtes	aimé
ayez aimé	ils	ont	aimé	ils	avaient	aimé	ils	eurent	aimé
	elles	ont	aimé	elles	avaient	aimé	elles	eurent	aimé

4. être allé(e)(s) — 直説法

[複合時称]

分詞複合形
étant allé(e)(s)

命令法	複合過去			大過去			前過去		
	je	suis	allé(e)	j'	étais	allé(e)	je	fus	allé(e)
sois allé(e)	tu	es	allé(e)	tu	étais	allé(e)	tu	fus	allé(e)
	il	est	allé	il	était	allé	il	fut	allé
	elle	est	allée	elle	était	allée	elle	fut	allée
soyons allé(e)s	nous	sommes	allé(e)s	nous	étions	allé(e)s	nous	fûmes	allé(e)s
	vous	êtes	allé(e)(s)	vous	étiez	allé(e)(s)	vous	fûtes	allé(e)(s)
soyez allé(e)(s)	ils	sont	allés	ils	étaient	allés	ils	furent	allés
	elles	sont	allées	elles	étaient	allées	elles	furent	allées

条件法 / 接続法（avoir）

条 件 法		接 続 法	
単 純 未 来	**現 在**	**現 在**	**半 過 去**
j' aurai	j' aurais	j' aie	j' eusse
tu auras	tu aurais	tu aies	tu eusses
il aura	il aurait	il ait	il eût
nous aurons	nous aurions	nous ayons	nous eussions
vous aurez	vous auriez	vous ayez	vous eussiez
ils auront	ils auraient	ils aient	ils eussent
前 未 来	**過 去**	**過 去**	**大 過 去**
j' aurai eu	j' aurais eu	j' aie eu	j' eusse eu
tu auras eu	tu aurais eu	tu aies eu	tu eusses eu
il aura eu	il aurait eu	il ait eu	il eût eu
nous aurons eu	nous aurions eu	nous ayons eu	nous eussions eu
vous aurez eu	vous auriez eu	vous ayez eu	vous eussiez eu
ils auront eu	ils auraient eu	ils aient eu	ils eussent eu

条件法 / 接続法（être）

条 件 法		接 続 法	
単 純 未 来	**現 在**	**現 在**	**半 過 去**
je serai	je serais	je sois	je fusse
tu seras	tu serais	tu sois	tu fusses
il sera	il serait	il soit	il fût
nous serons	nous serions	nous soyons	nous fussions
vous serez	vous seriez	vous soyez	vous fussiez
ils seront	ils seraient	ils soient	ils fussent
前 未 来	**過 去**	**過 去**	**大 過 去**
j' aurai été	j' aurais été	j' aie été	j' eusse été
tu auras été	tu aurais été	tu aies été	tu eusses été
il aura été	il aurait été	il ait été	il eût été
nous aurons été	nous aurions été	nous ayons été	nous eussions été
vous aurez été	vous auriez été	vous ayez été	vous eussiez été
ils auront été	ils auraient été	ils aient été	ils eussent été

条件法 / 接続法（aimer）

条 件 法		接 続 法	
前 未 来	**過 去**	**過 去**	**大 過 去**
j' aurai aimé	j' aurais aimé	j' aie aimé	j' eusse aimé
tu auras aimé	tu aurais aimé	tu aies aimé	tu eusses aimé
il aura aimé	il aurait aimé	il ait aimé	il eût aimé
elle aura aimé	elle aurait aimé	elle ait aimé	elle eût aimé
nous aurons aimé	nous aurions aimé	nous ayons aimé	nous eussions aimé
vous aurez aimé	vous auriez aimé	vous ayez aimé	vous eussiez aimé
ils auront aimé	ils auraient aimé	ils aient aimé	ils eussent aimé
elles auront aimé	elles auraient aimé	elles aient aimé	elles eussent aimé

条件法 / 接続法（aller）

条 件 法		接 続 法	
前 未 来	**過 去**	**過 去**	**大 過 去**
je serai allé(e)	je serais allé(e)	je sois allé(e)	je fusse allé(e)
tu seras allé(e)	tu serais allé(e)	tu sois allé(e)	tu fusse allé(e)
il sera allé	il serait allé	il soit allé	il fût allé
elle sera allée	elle serait allée	elle soit allée	elle fût allée
nous serons allé(e)s	nous serions allé(e)s	nous soyons allé(e)s	nous fussions allé(e)s
vous serez allé(e)(s)	vous seriez allé(e)(s)	vous soyez allé(e)(s)	vous fussiez allé(e)(s)
ils seront allés	ils seraient allés	ils soient allés	ils fussent allés
elles seront allées	elles seraient allées	elles soient allées	elles fussent allées

5. être aimé(e)(s) ［受動態］

直　説　法					接　続　法		
現　在			**複　合　過　去**			**現　在**	
je	suis aimé(e)		j'	ai été aimé(e)		je	sois aimé(e)
tu	es aimé(e)		tu	as été aimé(e)		tu	sois aimé(e)
il	est aimé		il	a été aimé		il	soit aimé
elle	est aimée		elle	a été aimée		elle	soit aimée
nous	sommes aimé(e)s		nous	avons été aimé(e)s		nous	soyons aimé(e)s
vous	êtes aimé(e)(s)		vous	avez été aimé(e)(s)		vous	soyez aimé(e)(s)
ils	sont aimés		ils	ont été aimés		ils	soient aimés
elles	sont aimées		elles	ont été aimées		elles	soient aimées
半　過　去			**大　過　去**			**過　去**	
j'	étais aimé(e)		j'	avais été aimé(e)		j'	aie été aimé(e)
tu	étais aimé(e)		tu	avais été aimé(e)		tu	aies été aimé(e)
il	était aimé		il	avait été aimé		il	ait été aimé
elle	était aimée		elle	avait été aimée		elle	ait été aimée
nous	étions aimé(e)s		nous	avions été aimé(e)s		nous	ayons été aimé(e)s
vous	étiez aimé(e)(s)		vous	aviez été aimé(e)(s)		vous	ayez été aimé(e)(s)
ils	étaient aimés		ils	avaient été aimés		ils	aient été aimés
elles	étaient aimées		elles	avaient été aimées		elles	aient été aimées
単　純　過　去			**前　過　去**			**半　過　去**	
je	fus aimé(e)		j'	eus été aimé(e)		je	fusse aimé(e)
tu	fus aimé(e)		tu	eus été aimé(e)		tu	fusses aimé(e)
il	fut aimé		il	eut été aimé		il	fût aimé
elle	fut aimée		elle	eut été aimée		elle	fût aimée
nous	fûmes aimé(e)s		nous	eûmes été aimé(e)s		nous	fussions aimé(e)s
vous	fûtes aimé(e)(s)		vous	eûtes été aimé(e)(s)		vous	fussiez aimé(e)(s)
ils	furent aimés		ils	eurent été aimés		ils	fussent aimés
elles	furent aimées		elles	eurent été aimées		elles	fussent aimées
単　純　未　来			**前　未　来**			**大　過　去**	
je	serai aimé(e)		j'	aurai été aimé(e)		j'	eusse été aimé(e)
tu	seras aimé(e)		tu	auras été aimé(e)		tu	eusses été aimé(e)
il	sera aimé		il	aura été aimé		il	eût été aimé
elle	sera aimée		elle	aura été aimée		elle	eût été aimée
nous	serons aimé(e)s		nous	aurons été aimé(e)s		nous	eussions été aimé(e)s
vous	serez aimé(e)(s)		vous	aurez été aimé(e)(s)		vous	eussiez été aimé(e)(s)
ils	seront aimés		ils	auront été aimés		ils	eussent été aimés
elles	seront aimées		elles	auront été aimées		elles	eussent été aimées

条　件　法					現在分詞
現　在			**過　去**		étant aimé(e)(s)
je	serais aimé(e)	j'	aurais été aimé(e)		
tu	serais aimé(e)	tu	aurais été aimé(e)		**過去分詞**
il	serait aimé	il	aurait été aimé		été aimé(e)(s)
elle	serait aimée	elle	aurait été aimée		
nous	serions aimé(e)s	nous	aurions été aimé(e)s		**命　令　法**
vous	seriez aimé(e)(s)	vous	auriez été aimé(e)(s)		sois aimé(e)s
ils	seraient aimés	ils	auraient été aimés		soyons aimé(e)s
elles	seraient aimées	elles	auraient été aimées		soyez aimé(e)(s)

6. se lever ［代名動詞］

直　説　法				接　続　法	
現　在		**複　合　過　去**		**現　在**	
je me lève	je me suis levé(e)	je me lève
tu te lèves	tu t' es levé(e)	tu te lèves
il se lève	il s' est levé	il se lève
elle se lève	elle s' est levée	elle se lève
nous nous levons	nous nous sommes levé(e)s	nous nous levions
vous vous levez	vous vous êtes levé(e)(s)	vous vous leviez
ils se lèvent	ils se sont levés	ils se lèvent
elles se lèvent	elles se sont levées	elles se lèvent
半　過　去		**大　過　去**		**過　去**	
je me levais	je m' étais levé(e)	je me sois levé(e)
tu te levais	tu t' étais levé(e)	tu te sois levé(e)
il se levait	il s' était levé	il se soit levé
elle se levait	elle s' était levée	elle se soit levée
nous nous levions	nous nous étions levé(e)s	nous nous soyons levé(e)s
vous vous leviez	vous vous étiez levé(e)(s)	vous vous soyez levé(e)(s)
ils se levaient	ils s' étaient levés	ils se soient levés
elles se levaient	elles s' étaient levées	elles se soient levées
単　純　過　去		**前　過　去**		**半　過　去**	
je me levai	je me fus levé(e)	je me levasse
tu te levas	tu te fus levé(e)	tu te levasses
il se leva	il se fut levé	il se levât
elle se leva	elle se fut levée	elle se levât
nous nous levâmes	nous nous fûmes levé(e)s	nous nous levassions
vous vous levâtes	vous vous fûtes levé(e)(s)	vous vous levassiez
ils se levèrent	ils se furent levés	ils se levassent
elles se levèrent	elles se furent levées	elles se levassent
単　純　未　来		**前　未　来**		**大　過　去**	
je me lèverai	je me serai levé(e)	je me fusse levé(e)
tu te lèveras	tu te seras levé(e)	tu te fusses levé(e)
il se lèvera	il se sera levé	il se fût levé
elle se lèvera	elle se sera levée	elle se fût levée
nous nous lèverons	nous nous serons levé(e)s	nous nous fussions levé(e)s
vous vous lèverez	vous vous serez levé(e)(s)	vous vous fussiez levé(e)(s)
ils se lèveront	ils se seront levés	ils se fussent levés
elles se lèveront	elles se seront levées	elles se fussent levées

条　件　法				現在分詞
現　在		**過　去**		
je me lèverais	je me serais levé(e)	se levant
tu te lèverais	tu te serais levé(e)	
il se lèverait	il se serait levé	
elle se lèverait	elle se serait levée	**命　令　法**
nous nous lèverions	nous nous serions levé(e)s	
vous vous lèveriez	vous vous seriez levé(e)(s)	lève-toi
ils se lèveraient	ils se seraient levés	levons-nous
elles se lèveraient	elles se seraient levées	levez-vous

◇ se が間接補語のとき過去分詞は性・数の変化をしない.

不 定 法 現在分詞 過去分詞	直 説 法			
	現　　在	半 過 去	単純過去	単純未来
7. aimer *aimant* *aimé*	j' aime tu aimes il aime n. aimons v. aimez ils aiment	j' aimais tu aimais il aimait n. aimions v. aimiez ils aimaient	j' aimai tu aimas il aima n. aimâmes v. aimâtes ils aimèrent	j' aimerai tu aimeras il aimera n. aimerons v. aimerez ils aimeront
8. commencer *commençant* *commencé*	je commence tu commences il commence n. commençons v. commencez ils commencent	je commençais tu commençais il commençait n. commencions v. commenciez ils commençaient	je commençai tu commenças il commença n. commençâmes v. commençâtes ils commencèrent	je commencerai tu commenceras il commencera n. commencerons v. commencerez ils commenceront
9. manger *mangeant* *mangé*	je mange tu manges il mange n. mangeons v. mangez ils mangent	je mangeais tu mangeais il mangeait n. mangions v. mangiez ils mangeaient	je mangeai tu mangeas il mangea n. mangeâmes v. mangeâtes ils mangèrent	je mangerai tu mangeras il mangera n. mangerons v. mangerez ils mangeront
10. acheter *achetant* *acheté*	j' achète tu achètes il achète n. achetons v. achetez ils achètent	j' achetais tu achetais il achetait n. achetions v. achetiez ils achetaient	j' achetai tu achetas il acheta n. achetâmes v. achetâtes ils achetèrent	j' achèterai tu achèteras il achètera n. achèterons v. achèterez ils achèteront
11. appeler *appelant* *appelé*	j' appelle tu appelles il appelle n. appelons v. appelez ils appellent	j' appelais tu appelais il appelait n. appelions v. appeliez ils appelaient	j' appelai tu appelas il appela n. appelâmes v. appelâtes ils appelèrent	j' appellerai tu appelleras il appellera n. appellerons v. appellerez ils appelleront
12. préférer *préférant* *préféré*	je préfère tu préfères il préfère n. préférons v. préférez ils préfèrent	je préférais tu préférais il préférait n. préférions v. préfériez ils préféraient	je préférai tu préféras il préféra n. préférâmes v. préférâtes ils préférèrent	je préférerai tu préféreras il préférera n. préférerons v. préférerez ils préféreront
13. employer *employant* *employé*	j' emploie tu emploies il emploie n. employons v. employez ils emploient	j' employais tu employais il employait n. employions v. employiez ils employaient	j' employai tu employas il employa n. employâmes v. employâtes ils employèrent	j' emploierai tu emploieras il emploiera n. emploierons v. emploierez ils emploieront

条 件 法		接 続 法			命 令 法	同 型
現　在		現　在		半 過 去		
j' aimerais		j' aime		j' aimasse		注 語尾 -er の動詞
tu aimerais		tu aimes		tu aimasses	aime	(除：aller, envoyer)
il aimerait		il aime		il aimât		を第一群規則動詞と
n. aimerions		n. aimions		n. aimassions	aimons	もいう.
v. aimeriez		v. aimiez		v. aimassiez	aimez	
ils aimeraient		ils aiment		ils aimassent		
je commencerais		je commence		je commençasse		avancer
tu commencerais		tu commences		tu commençasses	commence	effacer
il commencerait		il commence		il commençât		forcer
n. commencerions		n. commencions		n. commençassions	commençons	lancer
v. commenceriez		v. commenciez		v. commençassiez	commencez	placer
ils commenceraient		ils commencent		ils commençassent		prononcer
						remplacer
						renoncer
je mangerais		je mange		je mangeasse		arranger
tu mangerais		tu manges		tu mangeasses	mange	changer
il mangerait		il mange		il mangeât		charger
n. mangerions		n. mangions		n. mangeassions	mangeons	déranger
v. mangeriez		v. mangiez		v. mangeassiez	mangez	engager
ils mangeraient		ils mangent		ils mangeassent		manger
						obliger
						voyager
j' achèterais		j' achète		j' achetasse		achever
tu achèterais		tu achètes		tu achetasses	achète	amener
il achèterait		il achète		il achetât		enlever
n. achèterions		n. achetions		n. achetassions	achetons	lever
v. achèteriez		v. achetiez		v. achetassiez	achetez	mener
ils achèteraient		ils achètent		ils achetassent		peser
						(se) promener
j' appellerais		j' appelle		j' appelasse		jeter
tu appellerais		tu appelles		tu appelasses	appelle	rappeler
il appellerait		il appelle		il appelât		rejeter
n. appellerions		n. appelions		n. appelassions	appelons	renouveler
v. appelleriez		v. appeliez		v. appelassiez	appelez	
ils appelleraient		ils appellent		ils appelassent		
je préférerais		je préfère		je préférasse		considérer
tu préférerais		tu préfères		tu préférasses	préfère	désespérer
il préférerait		il préfère		il préférât		espérer
n. préférerions		n. préférions		n. préférassions	préférons	inquiéter
v. préféreriez		v. préfériez		v. préférassiez	préférez	pénétrer
ils préféreraient		ils préfèrent		ils préférassent		posséder
						répéter
						sécher
j' emploierais		j' emploie		j' employasse		-oyer (除：envoyer)
tu emploierais		tu emploies		tu employasses	emploie	-uyer
il emploierait		il emploie		il employât		appuyer
n. emploierions		n. employions		n. employassions	employons	ennuyer
v. emploieriez		v. employiez		v. employassiez	employez	essuyer
ils emploieraient		ils emploient		ils employassent		nettoyer

不 定 法 現在分詞 過去分詞	直 説 法			
	現 在	半 過 去	単純過去	単純未来
14. payer *payant* *payé*	je paye (paie) tu payes (paies) il paye (paie) n. payons v. payez ils payent (paient)	je payais tu payais il payait n. payions v. payiez ils payaient	je payai tu payas il paya n. payâmes v. payâtes ils payèrent	je payerai (paierai) tu payeras (*etc. . . .*) il payera n. payerons v. payerez ils payeront
15. envoyer *envoyant* *envoyé*	j' envoie tu envoies il envoie n. envoyons v. envoyez ils envoient	j' envoyais tu envoyais il envoyait n. envoyions v. envoyiez ils envoyaient	j' envoyai tu envoyas il envoya n. envoyâmes v. envoyâtes ils envoyèrent	j' **enverrai** tu **enverras** il **enverra** n. **enverrons** v. **enverrez** ils **enverront**
16. aller *allant* *allé*	je **vais** tu **vas** il **va** n. allons v. allez ils **vont**	j' allais tu allais il allait n. allions v. alliez ils allaient	j' allai tu allas il alla n. allâmes v. allâtes ils allèrent	j' **irai** tu **iras** il **ira** n. **irons** v. **irez** ils **iront**
17. finir *finissant* *fini*	je finis tu finis il finit n. finissons v. finissez ils finissent	je finissais tu finissais il finissait n. finissions v. finissiez ils finissaient	je finis tu finis il finit n. finîmes v. finîtes ils finirent	je finirai tu finiras il finira n. finirons v. finirez ils finiront
18. partir *partant* *parti*	je pars tu pars il part n. partons v. partez ils partent	je partais tu partais il partait n. partions v. partiez ils partaient	je partis tu partis il partit n. partîmes v. partîtes ils partirent	je partirai tu partiras il partira n. partirons v. partirez ils partiront
19. sentir *sentant* *senti*	je sens tu sens il sent n. sentons v. sentez ils sentent	je sentais tu sentais il sentait n. sentions v. sentiez ils sentaient	je sentis tu sentis il sentit n. sentîmes v. sentîtes ils sentirent	je sentirai tu sentiras il sentira n. sentirons v. sentirez ils sentiront
20. tenir *tenant* *tenu*	je tiens tu tiens il tient n. tenons v. tenez ils tiennent	je tenais tu tenais il tenait n. tenions v. teniez ils tenaient	je tins tu tins il tint n. tînmes v. tîntes ils tinrent	je **tiendrai** tu **tiendras** il **tiendra** n. **tiendrons** v. **tiendrez** ils **tiendront**

条　件　法	接　続　法		命 令 法	同　　型
現　　在	現　　在	半　過　去		
je payerais (paierais) tu payerais (etc....) il payerait n. payerions v. payeriez ils payeraient	je paye (paie) tu payes (paies) il paye (paie) n. payions v. payiez ils payent (paient)	je payasse tu payasses il payât n. payassions v. payassiez ils payassent	paie (paye) payons payez	［発音］ je paye [ʒəpɛj], je paie 「ʒəpɛ」; je payerai [ʒəpɛjre], je paierai [ʒəpɛre].
j' enverrais tu enverrais il enverrait n. enverrions v. enverriez ils enverraient	j' envoie tu envoies il envoie n. envoyions v. envoyiez ils envoient	j' envoyasse tu envoyasses il envoyât n. envoyassions v. envoyassiez ils envoyassent	envoie envoyons envoyez	注 未来, 条・現を除いては, 13 と同じ. **renvoyer**
j' irais tu irais il irait n. irions v. iriez ils iraient	j' **aille** tu **ailles** il **aille** n. allions v. alliez ils **aillent**	j' allasse tu allasses il allât n. allassions v. allassiez ils allassent	**va** allons allez	注 yがつくとき命令法・現在は vas: vas-y. 直・現・3 人称複数に ont の語尾をもつものは他に ont (avoir), sont (être), font (faire) のみ.
je finirais tu finirais il finirait n. finirions v. finiriez ils finiraient	je finisse tu finisses il finisse n. finissions v. finissiez ils finissent	je finisse tu finisses il finît n. finissions v. finissiez ils finissent	finis finissons finissez	注 finir 型の動詞を第 2 群規則動詞という.
je partirais tu partirais il partirait n. partirions v. partiriez ils partiraient	je parte tu partes il parte n. partions v. partiez ils partent	je partisse tu partisses il partît n. partissions v. partissiez ils partissent	pars partons partez	注 助動詞は être. **sortir**
je sentirais tu sentirais il sentirait n. sentirions v. sentiriez ils sentiraient	je sente tu sentes il sente n. sentions v. sentiez ils sentent	je sentisse tu sentisses il sentît n. sentissions v. sentissiez ils sentissent	sens sentons sentez	注 18と助動詞を除けば同型.
je tiendrais tu tiendrais il tiendrait n. tiendrions v. tiendriez ils tiendraient	je tienne tu tiennes il tienne n. tenions v. teniez ils tiennent	je tinsse tu tinsses il tînt n. tinssions v. tinssiez ils tinssent	tiens tenons tenez	注 **venir 21** と同型, ただし, 助動詞は avoir.

不　定　法 現在分詞 過去分詞	直　　説　　法			
	現　　在	半　過　去	単純過去	単純未来
21. venir *venant* *venu*	je　viens tu　viens il　vient n.　venons v.　venez ils　viennent	je　venais tu　venais il　venait n.　venions v.　veniez ils　venaient	je　vins tu　vins il　vint n.　vînmes v.　vîntes ils　vinrent	je　**viendrai** tu　**viendras** il　**viendra** n.　**viendrons** v.　**viendrez** ils　**viendront**
22. accueillir *accueillant* *accueilli*	j'　**accueille** tu　**accueilles** il　**accueille** n.　accueillons v.　accueillez ils　accueillent	j'　accueillais tu　accueillais il　accueillait n.　accueillions v.　accueilliez ils　accueillaient	j'　accueillis tu　accueillis il　accueillit n.　accueillîmes v.　accueillîtes ils　accueillirent	j'　**accueillerai** tu　**accueilleras** il　**accueillera** n.　**accueillerons** v.　**accueillerez** ils　**accueilleront**
23. ouvrir *ouvrant* *ouvert*	j'　**ouvre** tu　**ouvres** il　**ouvre** n.　ouvrons v.　ouvrez ils　ouvrent	j'　ouvrais tu　ouvrais il　ouvrait n.　ouvrions v.　ouvriez ils　ouvraient	j'　ouvris tu　ouvris il　ouvrit n.　ouvrîmes v.　ouvrîtes ils　ouvrirent	j'　ouvrirai tu　ouvriras il　ouvrira n.　ouvrirons v.　ouvrirez ils　ouvriront
24. courir *courant* *couru*	je　cours tu　cours il　court n.　courons v.　courez ils　courent	je　courais tu　courais il　courait n.　courions v.　couriez ils　couraient	je　courus tu　courus il　courut n.　courûmes v.　courûtes ils　coururent	je　**courrai** tu　**courras** il　**courra** n.　**courrons** v.　**courrez** ils　**courront**
25. mourir *mourant* *mort*	je　meurs tu　meurs il　meurt n.　mourons v.　mourez ils　meurent	je　mourais tu　mourais il　mourait n.　mourions v.　mouriez ils　mouraient	je　mourus tu　mourus il　mourut n.　mourûmes v.　mourûtes ils　moururent	je　**mourrai** tu　**mourras** il　**mourra** n.　**mourrons** v.　**mourrez** ils　**mourront**
26. acquérir *acquérant* *acquis*	j'　acquiers tu　acquiers il　acquiert n.　acquérons v.　acquérez ils　acquièrent	j'　acquérais tu　acquérais il　acquérait n.　acquérions v.　acquériez ils　acquéraient	j'　acquis tu　acquis il　acquit n.　acquîmes v.　acquîtes ils　acquirent	j'　**acquerrai** tu　**acquerras** il　**acquerra** n.　**acquerrons** v.　**acquerrez** ils　**acquerront**
27. fuir *fuyant* *fui*	je　fuis tu　fuis il　fuit n.　fuyons v.　fuyez ils　fuient	je　fuyais tu　fuyais il　fuyait n.　fuyions v.　fuyiez ils　fuyaient	je　fuis tu　fuis il　fuit n.　fuîmes v.　fuîtes ils　fuirent	je　fuirai tu　fuiras il　fuira n.　fuirons v.　fuirez ils　fuiront

条 件 法	接 続 法		命 令 法	同 型
現　　在	現　　在	半 過 去		
je viendrais	je vienne	je vinsse		注 助動詞は être.
tu viendrais	tu viennes	tu vinsses	viens	**devenir**
il viendrait	il vienne	il vînt		**intervenir**
n. viendrions	n. venions	n. vinssions	venons	**prévenir**
v. viendriez	v. veniez	v. vinssiez	venez	**revenir**
ils viendraient	ils viennent	ils vinssent		**(se) souvenir**
j' accueillerais	j' accueille	j' accueillisse		**cueillir**
tu accueillerais	tu accueilles	tu accueillisses	**accueille**	
il accueillerait	il accueille	il accueillît		
n. accueillerions	n. accueillions	n. accueillissions	accueillons	
v. accueilleriez	v. accueilliez	v. accueillissiez	accueillez	
ils accueilleraient	ils accueillent	ils accueillissent		
j' ouvrirais	j' ouvre	j' ouvrisse		**couvrir**
tu ouvrirais	tu ouvres	tu ouvrisses	**ouvre**	**découvrir**
il ouvrirait	il ouvre	il ouvrît		**offrir**
n. ouvririons	n. ouvrions	n. ouvrissions	ouvrons	**souffrir**
v. ouvririez	v. ouvriez	v. ouvrissiez	ouvrez	
ils ouvriraient	ils ouvrent	ils ouvrissent		
je courrais	je coure	je courusse		**accourir**
tu courrais	tu coures	tu courusses	cours	
il courrait	il coure	il courût		
n. courrions	n. courions	n. courussions	courons	
v. courriez	v. couriez	v. courussiez	courez	
ils courraient	ils courent	ils courussent		
je mourrais	je meure	je mourusse		注 助動詞は être.
tu mourrais	tu meures	tu mourusses	meurs	
il mourrait	il meure	il mourût		
n. mourrions	n. mourions	n. mourussions	mourons	
v. mourriez	v. mouriez	v. mourussiez	mourez	
ils mourraient	ils meurent	ils mourussent		
j' acquerrais	j' acquière	j' acquisse		**conquérir**
tu acquerrais	tu acquières	tu acquisses	acquiers	
il acquerrait	il acquière	il acquît		
n. acquerrions	n. acquérions	n. acquissions	acquérons	
v. acquerriez	v. acquériez	v. acquissiez	acquérez	
ils acquerraient	ils acquièrent	ils acquissent		
je fuirais	je fuie	je fuisse		**s'enfuir**
tu fuirais	tu fuies	tu fuisses	fuis	
il fuirait	il fuie	il fuît		
n. fuirions	n. fuyions	n. fuissions	fuyons	
v. fuiriez	v. fuyiez	v. fuissiez	fuyez	
ils fuiraient	ils fuient	ils fuissent		

不 定 法 現在分詞 過去分詞	直 説 法			
	現 在	半 過 去	単純過去	単純未来
28. rendre *rendant* *rendu*	je rends tu rends il **rend** n. rendons v. rendez ils rendent	je rendais tu rendais il rendait n. rendions v. rendiez ils rendaient	je rendis tu rendis il rendit n. rendîmes v. rendîtes ils rendirent	je rendrai tu rendras il rendra n. rendrons v. rendrez ils rendront
29. prendre *prenant* *pris*	je prends tu prends il **prend** n. prenons v. prenez ils prennent	je prenais tu prenais il prenait n. prenions v. preniez ils prenaient	je pris tu pris il prit n. prîmes v. prîtes ils prirent	je prendrai tu prendras il prendra n. prendrons v. prendrez ils prendront
30. craindre *craignant* *craint*	je crains tu crains il craint n. craignons v. craignez ils craignent	je craignais tu craignais il craignait n. craignions v. craigniez ils craignaient	je craignis tu craignis il craignit n. craignîmes v. craignîtes ils craignirent	je craindrai tu craindras il craindra n. craindrons v. craindrez ils craindront
31. faire *faisant* *fait*	je fais tu fais il fait n. faisons v. **faites** ils **font**	je faisais tu faisais il faisait n. faisions v. faisiez ils faisaient	je fis tu fis il fit n. fîmes v. fîtes ils firent	je **ferai** tu **feras** il **fera** n. **ferons** v. **ferez** ils **feront**
32. dire *disant* *dit*	je dis tu dis il dit n. disons v. **dites** ils disent	je disais tu disais il disait n. disions v. disiez ils disaient	je dis tu dis il dit n. dîmes v. dîtes ils dirent	je dirai tu diras il dira n. dirons v. direz ils diront
33. lire *lisant* *lu*	je lis tu lis il lit n. lisons v. lisez ils lisent	je lisais tu lisais il lisait n. lisions v. lisiez ils lisaient	je lus tu lus il lut n. lûmes v. lûtes ils lurent	je lirai tu liras il lira n. lirons v. lirez ils liront
34. suffire *suffisant* *suffi*	je suffis tu suffis il suffit n. suffisons v. suffisez ils suffisent	je suffisais tu suffisais il suffisait n. suffisions v. suffisiez ils suffisaient	je suffis tu suffis il suffit n. suffîmes v. suffîtes ils suffirent	je suffirai tu suffiras il suffira n. suffirons v. suffirez ils suffiront

条 件 法	接 続 法		命 令 法	同 型
現 在	現 在	半 過 去		
je rendrais tu rendrais il rendrait n. rendrions v. rendriez ils rendraient	je rende tu rendes il rende n. rendions v. rendiez ils rendent	je rendisse tu rendisses il rendît n. rendissions v. rendissiez ils rendissent	rends rendons rendez	**attendre descendre entendre pendre perdre répandre répondre vendre**
je prendrais tu prendrais il prendrait n. prendrions v. prendriez ils prendraient	je prenne tu prennes il prenne n. prenions v. preniez ils prennent	je prisse tu prisses il prît n. prissions v. prissiez ils prissent	prends prenons prenez	**apprendre comprendre entreprendre reprendre surprendre**
je craindrais tu craindrais il craindrait n. craindrions v. craindriez ils craindraient	je craigne tu craignes il craigne n. craignions v. craigniez ils craignent	je craignisse tu craignisses il craignît n. craignissions v. craignissiez ils craignissent	crains craignons craignez	**atteindre éteindre joindre peindre plaindre**
je ferais tu ferais il ferait n. ferions v. feriez ils feraient	je **fasse** tu **fasses** il **fasse** n. **fassions** v. **fassiez** ils **fassent**	je fisse tu fisses il fît n. fissions v. fissiez ils fissent	fais faisons **faites**	**défaire refaire satisfaire** 注 fais-[f(ə)z-]
je dirais tu dirais il dirait n. dirions v. diriez ils diraient	je dise tu dises il dise n. disions v. disiez ils disent	je disse tu disses il dît n. dissions v. dissiez ils dissent	dis disons **dites**	**redire**
je lirais tu lirais il lirait n. lirions v. liriez ils liraient	je lise tu lises il lise n. lisions v. lisiez ils lisent	je lusse tu lusses il lût n. lussions v. lussiez ils lussent	lis lisons lisez	**relire élire**
je suffirais tu suffirais il suffirait n. suffirions v. suffiriez ils suffiraient	je suffise tu suffises il suffise n. suffisions v. suffisiez ils suffisent	je suffisse tu suffisses il suffît n. suffissions v. suffissiez ils suffissent	suffis suffisons suffisez	

不 定 法 現在分詞 過去分詞	直　説　法			
	現　在	半 過 去	単純過去	単純未来
35. conduire *conduisant* *conduit*	je conduis tu conduis il conduit n. conduisons v. conduisez ils conduisent	je conduisais tu conduisais il conduisait n. conduisions v. conduisiez ils conduisaient	je conduisis tu conduisis il conduisit n. conduisîmes v. conduisîtes ils conduisirent	je conduirai tu conduiras il conduira n. conduirons v. conduirez ils conduiront
36. plaire *plaisant* *plu*	je plais tu plais il **plaît** n. plaisons v. plaisez ils plaisent	je plaisais tu plaisais il plaisait n. plaisions v. plaisiez ils plaisaient	je plus tu plus il plut n. plûmes v. plûtes ils plurent	je plairai tu plairas il plaira n. plairons v. plairez ils plairont
37. coudre *cousant* *cousu*	je couds tu couds il coud n. cousons v. cousez ils cousent	je cousais tu cousais il cousait n. cousions v. cousiez ils cousaient	je cousis tu cousis il cousit n. cousîmes v. cousîtes ils cousirent	je coudrai tu coudras il coudra n. coudrons v. coudrez ils coudront
38. suivre *suivant* *suivi*	je suis tu suis il suit n. suivons v. suivez ils suivent	je suivais tu suivais il suivait n. suivions v. suiviez ils suivaient	je suivis tu suivis il suivit n. suivîmes v. suivîtes ils suivirent	je suivrai tu suivras il suivra n. suivrons v. suivrez ils suivront
39. vivre *vivant* *vécu*	je vis tu vis il vit n. vivons v. vivez ils vivent	je vivais tu vivais il vivait n. vivions v. viviez ils vivaient	je vécus tu vécus il vécut n. vécûmes v. vécûtes ils vécurent	je vivrai tu vivras il vivra n. vivrons v. vivrez ils vivront
40. écrire *écrivant* *écrit*	j' écris tu écris il écrit n. écrivons v. écrivez ils écrivent	j' écrivais tu écrivais il écrivait n. écrivions v. écriviez ils écrivaient	j' écrivis tu écrivis il écrivit n. écrivîmes v. écrivîtes ils écrivirent	j' écrirai tu écriras il écrira n. écrirons v. écrirez ils écriront
41. boire *buvant* *bu*	je bois tu bois il boit n. buvons v. buvez ils boivent	je buvais tu buvais il buvait n. buvions v. buviez ils buvaient	je bus tu bus il but n. bûmes v. bûtes ils burent	je boirai tu boiras il boira n. boirons v. boirez ils boiront

条 件 法	接 続 法		命 令 法	同 型
現　在	現　在	半 過 去		
je conduirais tu conduirais il conduirait n. conduirions v. conduiriez ils conduiraient	je conduise tu conduises il conduise n. conduisions v. conduisiez ils conduisent	je conduisisse tu conduisisses il conduisît n. conduisissions v. conduisissiez ils conduisissent	conduis conduisons conduisez	**construire** **cuire** **détruire** **instruire** **introduire** **produire** **traduire**
je plairais tu plairais il plairait n. plairions v. plairiez ils plairaient	je plaise tu plaises il plaise n. plaisions v. plaisiez ils plaisent	je plusse tu plusses il plût n. plussions v. plussiez ils plussent	plais plaisons plaisez	**déplaire** **(se) taire** （ただし il se tait）
je coudrais tu coudrais il coudrait n. coudrions v. coudriez ils coudraient	je couse tu couses il couse n. cousions v. cousiez ils cousent	je cousisse tu cousisses il cousît n. cousissions v. cousissiez ils cousissent	couds cousons cousez	
je suivrais tu suivrais il suivrait n. suivrions v. suivriez ils suivraient	je suive tu suives il suive n. suivions v. suiviez ils suivent	je suivisse tu suivisses il suivît n. suivissions v. suivissiez ils suivissent	suis suivons suivez	**poursuivre**
je vivrais tu vivrais il vivrait n. vivrions v. vivriez ils vivraient	je vive tu vives il vive n. vivions v. viviez ils vivent	je vécusse tu vécusses il vécût n. vécussions v. vécussiez ils vécussent	vis vivons vivez	
j' écrirais tu écrirais il écrirait n. écririons v. écririez ils écriraient	j' écrive tu écrives il écrive n. écrivions v. écriviez ils écrivent	j' écrivisse tu écrivisses il écrivît n. écrivissions v. écrivissiez ils écrivissent	écris écrivons écrivez	**décrire** **inscrire**
je boirais tu boirais il boirait n. boirions v. boiriez ils boiraient	je boive tu boives il boive n. buvions v. buviez ils boivent	je busse tu busses il bût n. bussions v. bussiez ils bussent	bois buvons buvez	

不 定 法 現在分詞 過去分詞	直 説 法			
	現　　在	半　過　去	単純過去	単純未来
42. résoudre *résolvant* *résolu*	je résous tu résous il résout n. résolvons v. résolvez ils résolvent	je résolvais tu résolvais il résolvait n. résolvions v. résolviez ils résolvaient	je résolus tu résolus il résolut n. résolûmes v. résolûtes ils résolurent	je résoudrai tu résoudras il résoudra n. résoudrons v. résoudrez ils résoudront
43. connaître *connaissant* *connu*	je connais tu connais il **connaît** n. connaissons v. connaissez ils connaissent	je connaissais tu connaissais il connaissait n. connaissions v. connaissiez ils connaissaient	je connus tu connus il connut n. connûmes v. connûtes ils connurent	je connaîtrai tu connaîtras il connaîtra n. connaîtrons v. connaîtrez ils connaîtront
44. naître *naissant* *né*	je nais tu nais il **naît** n. naissons v. naissez ils naissent	je naissais tu naissais il naissait n. naissions v. naissiez ils naissaient	je naquis tu naquis il naquit n. naquîmes v. naquîtes ils naquirent	je naîtrai tu naîtras il naîtra n. naîtrons v. naîtrez ils naîtront
45. croire *croyant* *cru*	je crois tu crois il croit n. croyons v. croyez ils croient	je croyais tu croyais il croyait n. croyions v. croyiez ils croyaient	je crus tu crus il crut n. crûmes v. crûtes ils crurent	je croirai tu croiras il croira n. croirons v. croirez ils croiront
46. battre *battant* *battu*	je bats tu bats il **bat** n. battons v. battez ils battent	je battais tu battais il battait n. battions v. battiez ils battaient	je battis tu battis il battit n. battîmes v. battîtes ils battirent	je battrai tu battras il battra n. battrons v. battrez ils battront
47. mettre *mettant* *mis*	je mets tu mets il **met** n. mettons v. mettez ils mettent	je mettais tu mettais il mettait n. mettions v. mettiez ils mettaient	je mis tu mis il mit n. mîmes v. mîtes ils mirent	je mettrai tu mettras il mettra n. mettrons v. mettrez ils mettront
48. rire *riant* *ri*	je ris tu ris il rit n. rions v. riez ils rient	je riais tu riais il riait n. riions v. riiez ils riaient	je ris tu ris il rit n. rîmes v. rîtes ils rirent	je rirai tu riras il rira n. rirons v. rirez ils riront

条　件　法	接　続　法		命　令　法	同　　型
現　　在	現　　在	半　過　去		
je résoudrais tu résoudrais il résoudrait n. résoudrions v. résoudriez ils résoudraient	je résolve tu résolves il résolve n. résolvions v. résolviez ils résolvent	je résolusse tu résolusses il résolût n. résolussions v. résolussiez ils résolussent	résous résolvons résolvez	
je connaîtrais tu connaîtrais il connaîtrait n. connaîtrions v. connaîtriez ils connaîtraient	je connaisse tu connaisses il connaisse n. connaissions v. connaissiez ils connaissent	je connusse tu connusses il connût n. connussions v. connussiez ils connussent	connais connaissons connaissez	注tの前にくるとき i→î. **apparaître** **disparaître** **paraître** **reconnaître**
je naîtrais tu naîtrais il naîtrait n. naîtrions v. naîtriez ils naîtraient	je naisse tu naisses il naisse n. naissions v. naissiez ils naissent	je naquisse tu naquisses il naquît n. naquissions v. naquissiez ils naquissent	nais naissons naissez	注tの前にくるとき i→î. 助動詞はêtre.
je croirais tu croirais il croirait n. croirions v. croiriez ils croiraient	je croie tu croies il croie n. croyions v. croyiez ils croient	je crusse tu crusses il crût n. crussions v. crussiez ils crussent	crois croyons croyez	
je battrais tu battrais il battrait n. battrions v. battriez ils battraient	je batte tu battes il batte n. battions v. battiez ils battent	je battisse tu battisses il battît n. battissions v. battissiez ils battissent	bats battons battez	**abattre** **combattre**
je mettrais tu mettrais il mettrait n. mettrions v. mettriez ils mettraient	je mette tu mettes il mette n. mettions v. mettiez ils mettent	je misse tu misses il mît n. missions v. missiez ils missent	mets mettons mettez	**admettre** **commettre** **permettre** **promettre** **remettre**
je rirais tu rirais il rirait n. ririons v. ririez ils riraient	je rie tu ries il rie n. riions v. riiez ils rient	je risse tu risses il rît n. rissions v. rissiez ils rissent	ris rions riez	**sourire**

19

不 定 法 現在分詞 過去分詞	直　　説　　法			
	現　　在	半　過　去	単純過去	単純未来
49. conclure *concluant* *conclu*	je conclus tu conclus il conclut n. concluons v. concluez ils concluent	je concluais tu concluais il concluait n. concluions v. concluiez ils concluaient	je conclus tu conclus il conclut n. conclûmes v. conclûtes ils conclurent	je conclurai tu concluras il conclura n. conclurons v. conclurez ils concluront
50. rompre *rompant* *rompu*	je romps tu romps il rompt n. rompons v. rompez ils rompent	je rompais tu rompais il rompait n. rompions v. rompiez ils rompaient	je rompis tu rompis il rompit n. rompîmes v. rompîtes ils rompirent	je romprai tu rompras il rompra n. romprons v. romprez ils rompront
51. vaincre *vainquant* *vaincu*	je vaincs tu vaincs il **vainc** n. vainquons v. vainquez ils vainquent	je vainquais tu vainquais il vainquait n. vainquions v. vainquiez ils vainquaient	je vainquis tu vainquis il vainquit n. vainquîmes v. vainquîtes ils vainquirent	je vaincrai tu vaincras il vaincra n. vaincrons v. vaincrez ils vaincront
52. recevoir *recevant* *reçu*	je reçois tu reçois il reçoit n. recevons v. recevez ils reçoivent	je recevais tu recevais il recevait n. recevions v. receviez ils recevaient	je reçus tu reçus il reçut n. reçûmes v. reçûtes ils reçurent	je **recevrai** tu **recevras** il **recevra** n. **recevrons** v. **recevrez** ils **recevront**
53. devoir *devant* *dû* (due, dus, dues)	je dois tu dois il doit n. devons v. devez ils doivent	je devais tu devais il devait n. devions v. deviez ils devaient	je dus tu dus il dut n. dûmes v. dûtes ils durent	je **devrai** tu **devras** il **devra** n. **devrons** v. **devrez** ils **devront**
54. pouvoir *pouvant* *pu*	je **peux (puis)** tu **peux** il peut n. pouvons v. pouvez ils peuvent	je pouvais tu pouvais il pouvait n. pouvions v. pouviez ils pouvaient	je pus tu pus il put n. pûmes v. pûtes ils purent	je **pourrai** tu **pourras** il **pourra** n. **pourrons** v. **pourrez** ils **pourront**
55. émouvoir *émouvant* *ému*	j' émeus tu émeus il émeut n. émouvons v. émouvez ils émeuvent	j' émouvais tu émouvais il émouvait n. émouvions v. émouviez ils émouvaient	j' émus tu émus il émut n. émûmes v. émûtes ils émurent	j' **émouvrai** tu **émouvras** il **émouvra** n. **émouvrons** v. **émouvrez** ils **émouvront**

条 件 法	接 続 法		命 令 法	同 型
現　在	現　在	半　過　去		
je conclurais tu conclurais il conclurait n. conclurions v. concluriez ils concluraient	je conclue tu conclues il conclue n. concluions v. concluiez ils concluent	je conclusse tu conclusses il conclût n. conclussions v. conclussiez ils conclussent	conclus concluons concluez	
je romprais tu romprais il romprait n. romprions v. rompriez ils rompraient	je rompe tu rompes il rompe n. rompions v. rompiez ils rompent	je rompisse tu rompisses il rompît n. rompissions v. rompissiez ils rompissent	romps rompons rompez	**interrompre**
je vaincrais tu vaincrais il vaincrait n. vaincrions v. vaincriez ils vaincraient	je vainque tu vainques il vainque n. vainquions v. vainquiez ils vainquent	je vainquisse tu vainquisses il vainquît n. vainquissions v. vainquissiez ils vainquissent	vaincs vainquons vainquez	**convaincre**
je recevrais tu recevrais il recevrait n. recevrions v. recevriez ils recevraient	je reçoive tu reçoives il reçoive n. recevions v. receviez ils reçoivent	je reçusse tu reçusses il reçût n. reçussions v. reçussiez ils reçussent	reçois recevons recevez	**apercevoir** **concevoir**
je devrais tu devrais il devrait n. devrions v. devriez ils devraient	je doive tu doives il doive n. devions v. deviez ils doivent	je dusse tu dusses il dût n. dussions v. dussiez ils dussent	dois devons devez	注命令法はほとんど 用いられない.
je pourrais tu pourrais il pourrait n. pourrions v. pourriez ils pourraient	je **puisse** tu **puisses** il **puisse** n. **puissions** v. **puissiez** ils **puissent**	je pusse tu pusses il pût n. pussions v. pussiez ils pussent		注命令法はない.
j' émouvrais tu émouvrais il émouvrait n. émouvrions v. émouvriez ils émouvraient	j' émeuve tu émeuves il émeuve n. émouvions v. émouviez ils émeuvent	j' émusse tu émusses il émût n. émussions v. émussiez ils émussent	émeus émouvons émouvez	**mouvoir** ただし過去分詞は mû (mue, mus, mues)

不定法 現在分詞 過去分詞	直　説　法			
	現　　在	半　過　去	単純過去	単純未来
56. savoir *sachant* *su*	je sais tu sais il sait n. savons v. savez ils savent	je savais tu savais il savait n. savions v. saviez ils savaient	je sus tu sus il sut n. sûmes v. sûtes ils surent	je **saurai** tu **sauras** il **saura** n. **saurons** v. **saurez** ils **sauront**
57. voir *voyant* *vu*	je vois tu vois il voit n. voyons v. voyez ils voient	je voyais tu voyais il voyait n. voyions v. voyiez ils voyaient	je vis tu vis il vit n. vîmes v. vîtes ils virent	je **verrai** tu **verras** il **verra** n. **verrons** v. **verrez** ils **verront**
58. vouloir *voulant* *voulu*	je **veux** tu **veux** il veut n. voulons v. voulez ils veulent	je voulais tu voulais il voulait n. voulions v. vouliez ils voulaient	je voulus tu voulus il voulut n. voulûmes v. voulûtes ils voulurent	je **voudrai** tu **voudras** il **voudra** n. **voudrons** v. **voudrez** ils **voudront**
59. valoir *valant* *valu*	je **vaux** tu **vaux** il vaut n. valons v. valez ils valent	je valais tu valais il valait n. valions v. valiez ils valaient	je valus tu valus il valut n. valûmes v. valûtes ils valurent	je **vaudrai** tu **vaudras** il **vaudra** n. **vaudrons** v. **vaudrez** ils **vaudront**
60. s'asseoir *s'asseyant*[1] *assis*	je m'assieds[1] tu t'assieds il **s'assied** n. n. asseyons v. v. asseyez ils s'asseyent	je m'asseyais[1] tu t'asseyais il s'asseyait n. n. asseyions v. v. asseyiez ils s'asseyaient	je m'assis tu t'assis il s'assit n. n. assîmes v. v. assîtes ils s'assirent	je m'**assiérai**[1] tu t'**assiéras** il s'**assiéra** n. n. **assiérons** v. v. **assiérez** ils s'**assiéront**
s'assoyant[2]	je m'assois[2] tu t'assois il s'assoit n. n. assoyons v. v. assoyez ils s'assoient	je m'assoyais[2] tu t'assoyais il s'assoyait n. n. assoyions v. v. assoyiez ils s'assoyaient		je m'**assoirai**[2] tu t'**assoiras** il s'**assoira** n. n. **assoirons** v. v. **assoirez** ils s'**assoiront**
61. pleuvoir *pleuvant* *plu*	il pleut	il pleuvait	il plut	il **pleuvra**
62. falloir *fallu*	il faut	il fallait	il fallut	il **faudra**

22

条件法	接続法		命令法	同型
現　在	現　在	半　過　去		
je saurais tu saurais il saurait n. saurions v. sauriez ils sauraient	je **sache** tu **saches** il **sache** n. **sachions** v. **sachiez** ils **sachent**	je susse tu susses il sût n. sussions v. sussiez ils sussent	**sache** **sachons** **sachez**	
je verrais tu verrais il verrait n. verrions v. verriez ils verraient	je voie tu voies il voie n. voyions v. voyiez ils voient	je visse tu visses il vît n. vissions v. vissiez ils vissent	 vois voyons voyez	**revoir**
je voudrais tu voudrais il voudrait n. voudrions v. voudriez ils voudraient	je **veuille** tu **veuilles** il **veuille** n. voulions v. vouliez ils **veuillent**	je voulusse tu voulusses il voulût n. voulussions v. voulussiez ils voulussent	**veuille** **veuillons** **veuillez**	
je vaudrais tu vaudrais il vaudrait n. vaudrions v. vaudriez ils vaudraient	je **vaille** tu **vailles** il **vaille** n. valions v. valiez ils **vaillent**	je valusse tu valusses il valût n. valussions v. valussiez ils valussent		注命令法はほとんど用いられない.
je m'assiérais[1] tu t'assiérais il s'assiérait n. n. assiérions v. v. assiériez ils s'assiéraient	je m'asseye[1] tu t'asseyes il s'asseye n. n. asseyions v. v. asseyiez ils s'asseyent	j' m'assisse tu t'assisses il s'assît n. n. assissions v. v. assissiez ils s'assissent	assieds-toi[1] asseyons-nous asseyez-vous	注時称により2種の活用があるが, (1)は古来の活用で, (2)は俗語調である. (1)の方が多く使われる.
je m'assoirais[2] tu t'assoirais il s'assoirait n. n. assoirions v. v. assoiriez ils s'assoiraient	je m'assoie[2] tu t'assoies il s'assoie n. n. assoyions v. v. assoyiez ils s'assoient		assois-toi[2] assoyons-nous assoyez-vous	
il pleuvrait	il pleuve	il plût		注命令法はない.
il faudrait	il **faille**	il fallût		注命令法・現在分詞はない.

NUMÉRAUX（数詞）

CARDINAUX（基数）		ORDINAUX（序数）	CARDINAUX	ORDINAUX
1	un, une	premier（première）	90 quatre-vingt-dix	quatre-vingt-dixième
2	deux	deuxième, second（e）	91 quatre-vingt-onze	quatre-vingt-onzième
3	trois	troisième	92 quatre-vingt-douze	quatre-vingt-douzième
4	quatre	quatrième	**100 cent**	**centième**
5	cinq	cinquième	101 cent un	cent（et）unième
6	six	sixième	102 cent deux	cent deuxième
7	sept	septième	110 cent dix	cent dixième
8	huit	huitième	120 cent vingt	cent vingtième
9	neuf	neuvième	130 cent trente	cent trentième
10	**dix**	**dixième**	140 cent quarante	cent quarantième
11	onze	onzième	150 cent cinquante	cent cinquantième
12	douze	douzième	160 cent soixante	cent soixantième
13	treize	treizième	170 cent soixante-dix	cent soixante-dixième
14	quatorze	quatorzième	180 cent quatre-vingts	cent quatre-vingtième
15	quinze	quinzième	190 cent quatre-vingt-dix	cent quatre-vingt-dixième
16	seize	seizième	**200 deux cents**	**deux centième**
17	dix-sept	dix-septième	201 deux cent un	deux cent unième
18	dix-huit	dix-huitième	202 deux cent deux	deux cent deuxième
19	dix-neuf	dix-neuvième	**300 trois cents**	**trois centième**
20	**vingt**	**vingtième**	301 trois cent un	trois cent unième
21	vingt et un	vingt et unième	302 trois cent deux	trois cent deuxième
22	vingt-deux	vingt-deuxième	**400 quatre cents**	**quatre centième**
23	vingt-trois	vingt-troisième	401 quatre cent un	quatre cent unième
30	**trente**	**trentième**	402 quatre cent deux	quatre cent deuxième
31	trente et un	trente et unième	**500 cinq cents**	**cinq centième**
32	trente-deux	trente-deuxième	501 cinq cent un	cinq cent unième
40	**quarante**	**quarantième**	502 cinq cent deux	cinq cent deuxième
41	quarante et un	quarante et unième	**600 six cents**	**six centième**
42	quarante-deux	quarante-deuxième	601 six cent un	six cent unième
50	**cinquante**	**cinquantième**	602 six cent deux	six cent deuxième
51	cinquante et un	cinquante et unième	**700 sept cents**	**sept centième**
52	cinquante-deux	cinquante-deuxième	701 sept cent un	sept cent unième
60	**soixante**	**soixantième**	702 sept cent deux	sept cent deuxième
61	soixante et un	soixante et unième	**800 huit cents**	**huit centième**
62	soixante-deux	soixante-deuxième	801 huit cent un	huit cent unième
70	**soixante-dix**	**soixante-dixième**	802 huit cent deux	huit cent deuxième
71	soixante et onze	soixante et onzième	**900 neuf cents**	**neuf centième**
72	soixante-douze	soixante-douzième	901 neuf cent un	neuf cent unième
80	**quatre-vingts**	**quatre-vingtième**	902 neuf cent deux	neuf cent deuxième
81	quatre-vingt-un	quatre-vingt-unième	**1000 mille**	**millième**
82	quatre-vingt-deux	quatre-vingt-deuxième		

1 000 000 | **un million** | **millionième** ‖ 1 000 000 000 | **un milliard** | **milliardième**